KB140045

지역별 일자리 창출과 고용안정을 위한

수도권 기업 이동 현황과 장기전망

지역별 일자리 창출과 고용안정을 위한

수도권 기업 이동 현황과 장기전망

안영수 지음

머리말

　현재 우리나라는 도시교통부문의 탄소와 에너지 소비를 저감시키려는 다양한 노력이 이어지고 있다. 도시교통에서 탄소와 에너지 소비를 효율적으로 줄이기 위해서는 기업의 입지가 매우 중요함에도, 기업 부분의 거시적인 변화를 시뮬레이션할 수 있는 기업입지모델과 관련된 연구는 부족한 실정이다. 또한, 국내·외적인 경기 침체가 지속되고 있는 상황에서 수도권의 각 지자체는 민간에서의 개발에 의지하여 상호 경쟁적으로 대형 오피스와 산업단지를 건설하고 있다. 상호 경쟁적으로 건설되는 개발 사업은 경제와 공실에 대한 우려뿐 아니라 도시의 공간적·물리적 구조를 변화시키고 인구, 고용, 재정, 교육, 부동산, 교통, 환경 등에 장기간 영향을 미치므로 종합적 관점에서 그 효과를 예측해야 할 필요성이 제기되고 있다.

　따라서 거시적이고 장기적인 기업의 입지변화를 모니터링할 수 있는 기업입지모델 개발이 필요하다. 이를 활용하여, 다양한 도시정책을 시뮬레이션하고 보다 지속 가능한 발전을 할 수 있는 정책 대안을

---

* 본 연구서적은 안영수(2013)의 박사학위논문을 중심으로 일부 보완하여 작성하였음.

선택할 수 있어야 한다. 이 연구는 장기적이고 거시적인 수도권의 기업입지변화를 시뮬레이션할 수 있는 기업입지모델을 개발하고 실제적인 장기 시뮬레이션의 가능성을 검토하는 것을 연구 목표로 하였다. 이와 같은 연구 목표를 기반으로 연구를 구성하여 진행하였다.

장기적이고 거시적인 수도권의 기업입지변화를 시뮬레이션할 수 있는 기업입지모델을 개발하고 시나리오를 구성하여 시나리오별 장기예측 결과를 비교 분석하였다. 아직 초기 모델로 개발되어 부분적인 오류와 보완 사항이 있으나 본 연구의 의의와 활용은 다음과 같이 요약될 수 있다.

첫째, 도시공간구조관점에서 기업의 입지와 이동에 대해 부분적인 모델 연구가 진행되었던 국내 연구의 단계를 외국의 기업입지모델의 단계로 발전시킨 의미를 갖는다. 둘째, 기업의 장기적인 입지변화를 예측하기 위해 기업을 기업통계(firmography) 관점에서 접근하여 수도권 기업의 생성과 소멸, 성장과 쇠퇴 특성을 도출하고 이를 모델로 구축한 의미를 갖는다. 셋째, 외국의 집계데이터 기반 기업입지모델에서 반영하지 못한 기업의 고용규모와 연령의 특성을 국내 기업입지모델 개발에 반영하여 국외 기업입지모델과의 차별성을 갖추었다. 넷째, 본 연구에서 구축한 기업입지모형을 활용하여 시나리오별로 장기적인 시뮬레이션의 가능성을 검토하고 각 지역별 기업수의 변화 패턴을 분석한 의미를 갖는다.

2014.2. 안영수

〈 목차 〉

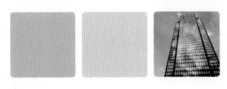

제1장

서론

제1절 기업이동변화의 중요성과 장기전망의 필요

전 세계적으로 기후변화에 대응하여 탄소와 에너지 소비를 저감시키고자 노력하고 있다. 우리나라도 건설교통기술연구개발사업의 3개 분야 중 '기후변화 대응 탄소저감 도시조성 기술' 분야를 선택하여 도시와 교통 부문에서의 탄소와 에너지 저감 방안을 찾고 있다.[1] 하지만 도시교통 부문의 탄소와 에너지 소비를 효과적으로 저감시키기 위해서는 기업의 입지와 이동에 대하여 파악하는 것이 필요하다. 기업은 도시에서 발생하는 출퇴근, 업무, 쇼핑, 여가 등의 모든 통행과 매우 밀접한 관련이 있기 때문이다.[2] 또한 기업이 다수 입지해서 고용자수가 높은 지역은 도시통행에서 높은 비중을 차지하는 상업

---

1) 국토해양부의 한국건설교통기술평가원은 지난 2011년 '첨단도시개발사업'의 3개 분야로 '시장수요기반 녹색건축물 실용화', '기후변화 대응 탄소저감 도시 조성 기술', '차세대 공간 정보 표현기술'을 선정하고 과제를 공모하여 현재 진행 중에 있다.

2) Youngsoo, An et al., 2012, "An Analysis on Firm Relocation Choice Using Binary Logit Model in the Seoul Metropolitan Area(SMA)", 2012 ISCP, Taipei. p.1.

적 통행을 유인하거나 발생시킨다. 이는 도시공간구조에서 토지이용과 교통의 상호 작용에 기인하는 것으로, 기업의 이동행태를 이해하는 것은 도시교통을 개선시키기 위한 정책을 실현함에 있어서 중요한 역할을 할 수 있다.[3]

다른 한편으로, 우리 도시는 지난 반세기 동안 세계의 다른 어느 도시도 겪지 못했던 고도성장을 경험하였다. 경제발전의 빠른 속도에 따라 요구되는 건축공간의 수요를 공급하기 위하여 우리나라의 도시는 개발을 멈추지 않았다. 그럼에도 대부분의 도시에서 과잉공급을 우려하는 상황은 발생하지 않았다. 하지만 최근 세계경제의 침체와 함께 우리 부동산 시장의 여건은 급변하여 미분양 주택뿐 아니라 오피스의 공실률이 높아짐에 따라 우리 경제에 부정적인 영향을 미치고 있다.[4] 특히 2000년대부터 경제성장이 둔화되었음에도 50층 이상의 초고층 오피스 건물들이 경쟁적으로 건설되고 있으며[5], 이에 대한 대규모 수급불균형과 공실에 대한 우려가 언론과 학계에서 지속적으로 제기되고 있다.[6]

---

3) Kuma, S., K. M. Kockelman, 2008, "Tracking the Size, Location and Interactions of Businesses: Microsimulation of Firm Behavior in Austin, Texas", 87th Annual Meeting data of the Transportation Research Board, Washing, D.C., p.2.

4) 이승일 외. 2011, "토지이용－교통 통합모델의 개발과 운영", 도시정보, 제356권, 서울, 3쪽.

5) 김경민·박정수, 2009, "서울 오피스 시장의 임대료 조정 메커니즘: 자연공실률과 실질 임대료 관계를 중심으로", 국토연구, 제62권, 안양, 223쪽.

6) 김경민·김준형, 2010, "연립방정식을 활용한 오피스시장 예측모형", 국토계획, 제45권 제7호, 대한국토도시계획학회, 서울, 22쪽.
유강민·이창무, 2012, "서울시 오피스 임대시장의 공실률과 임대료의 상호결정구조 분석", 부동산학연구, 제18집, 제2호, 서울, 92쪽.
매일경제, 2010, "오피스빌딩 공급폭탄 터질까", 서울, 11.03. 기사.
파이낸셜뉴스, 2011, "서울 오피스 공급 너무 넘친다", 서울, 02.09. 기사 .
CNBNEWS, 2012, "하반기 오피스 공실률 높아질 전망", 서울, 08.17. 기사.
아시아경제, 2012, "서울 도심/여의도, 오피스 공실률 늘어난다.", 서울, 09.19. 기사.
국민일보, 2012, "산업단지 과잉 논란, 미분양도 많다.", 서울, 09.13. 기사.

상호 경쟁적으로 건설되는 대규모 오피스의 개발은 경제와 공실에 대한 우려뿐 아니라 도시의 공간적, 물리적 구조를 변화시킨다. 또한 인구, 고용, 재정, 교육, 부동산, 교통, 환경 등에 장기간에 걸쳐 영향을 미치므로 종합적 관점에서 그 효과를 예측해 할 필요성이 제기되고 있다.[7]

하지만 현재까지 도시공간구조 관점에서의 국내 연구는 가구의 입지와 이동에 더 집중되어 있다. 그러나 가구의 이동에서 직장의 위치는 매우 중요한 입지요인으로 작용한다(김익기, 1995; 노승철, 2010; 임창호 외, 2010; 천현숙, 2004;, 최막중·임영진, 2001). 직장뿐 아니라 마트, 백화점, 은행 등의 생활편의시설과 구청, 주민센터, 학원, 학교 등의 공공 및 교육시설도 가구가 입지를 결정하는 데 매우 밀접한 관련이 있다(노승철, 2010; 신은진·안건혁, 2010; 임창호 외, 2002; 천현숙, 2004).[8]

또한, 국내에서는 1990년대 이후 서울 대도시권 차원에서 업무공간의 입지변화과정을 기업 이전과 연관시켜 동태적으로 파악한 연구는 없는 실정이다.[9] 국내연구는 전통적인 기업 입지이론을 기반으로 실증 분석(임석회·이재우, 1999; 이한일·이번송, 2002; 도화용·이용택, 2008; 최준영·오규식, 2010)과 전체적인 패턴 변화를 분석한 연구(양재섭, 2004)를 중심으로 이루어졌으며, 소수의 연구자들을 제외하고는 모델의 도입과 개발에 대한 논의조차 부족한 실정이다.

---

7) 이승일 외, 2011, 앞의 논문, 3쪽.

8) 이창효, 2012, "토지이용—교통 상호작용을 고려한 주거입지 예측모델 연구", 서울시립대학교 도시공학과 박사학위논문, 서울, 32쪽.

9) 양재섭, 2004, 서울 대도시권의 업무공간 입지변화 분석 연구, 연구보고서, 서울시정개발연구원, 서울, 3쪽.

그러나 서구의 여러 도시에서는 오래전부터 이와 같은 모델을 개발하여 다양한 도시정책을 시뮬레이션하고 평가하며 활발하게 활용하고 있다.[10]

이상에서와 같은 연구의 필요성을 배경으로 본 연구의 목적은 수도권의 장기적인 기업입지변화를 예측할 수 있는 토지이용－교통 모델기반의 장기예측모델을 개발하는 것이다. 즉, 국외에서 기 개발되어 활용 중인 기업입지모델을 검토하여 국내 여건에서 개발 가능한지를 검토하고, 국내 기업의 다양한 특성이 반영된 기업입지모델을 구축하고 시뮬레이션의 가능성을 확인하는 것을 연구 목표로 하였다.

제2절 연구범위와 방법

1. 연구의 범위

이 연구는 수도권을 대상으로 기업의 동태적 변화를 장기적으로 시뮬레이션할 수 있는 기업입지모델을 개발하는 것이 목표이다. 이는 공간과 시간적으로 광범위한 데이터와 분석을 요구하기 때문에 연구의 범위를 규정하는 것이 필요하다. 연구의 시간적 범위는 관련 데이터의 수집 가능성을 기준으로 1981년부터 2010년까지로 하였으며 공간적 범위는 우리나라의 산업의 중심인 수도권으로 하였다.

---

10) 이승일, 2000, "교통발생저감을 위한 환경친화적 도시공간구조 연구: 광주대도시권을 중심으로", 국토계획, 제35권 제6호, 대한국토 · 도시계획학회, 서울, 23쪽.

연구의 내용적 범위에서 장기적인 시뮬레이션 모델은, 활용 데이터의 특성을 중심으로 기업의 개별 속성 데이터(micro data) 기반의 마이크로 시뮬레이션 모델과 기업의 일부 특성으로 집계된(aggregated) 데이터 기반의 모델로 구분될 수 있다.[11]

여기서 개별 기업의 재정구조나 자산과 같은 내부 특성이 반영된 마이크로 데이터 기반의 시뮬레이션 모델은 내부 특성변수의 다양함으로 장기적인 예측의 한계를 갖는다. 때문에 마이크로 데이터 기반의 모델은 미시적이고 단기적인 기간에 대한 시뮬레이션에 적합하다고 할 수 있다. 반대로 기업의 개별 속성의 일부로 집계된 데이터 기반의 모델은 미시적이고 단기적인 변화에 대해서는 한계가 있으며, 보다 거시적인 관점에서 중·단기적인 변화를 시뮬레이션하기에 적합하다고 할 수 있다(그림 1-1 참조).

[그림 1-1] 연구의 내용적 범위

이 연구는 수도권이라는 광범위한 공간을 대상으로 기업의 장기적인 입지변화를 시뮬레이션하는 모델을 개발하는 것으로, 위의 모

---

11) Moeckel, R., 2005, Simulating Firmography, University of Dortmund, Dortmund, p.19.

델 구분에서 두 번째에 해당한다. 따라서 장기적인 기업의 입지변화에 대해 정확한 위치나 수치에 대한 결과를 도출하기보다는 거시적인 패턴변화에 더 중점을 두었다.

2. 연구의 방법

이 연구의 목적을 달성하고자 다양한 연구 방법을 활용하였으며, 다음과 같다.

첫째, 인터넷과 문헌 조사 방법론을 활용하였다. 인터넷과 문헌을 조사하여 관련 자료를 수집하였으며, 이를 기반으로 관련이론과 선행연구, 국외 기업입지모델을 검토하고 분석 자료들을 수집하였다.

둘째, 국내 기업의 다양한 특성을 도출하고자 SPSS 19와 ArcGIS 10.0 프로그램을 사용하여 통계분석과 공간분석을 하였다. 과거부터 현재에 이르기까지 국내 기업의 비공간적인 통계변화에 대해 SPSS 19 프로그램을 활용하여 상관관계분석, 로지스틱회귀분석, 빈도분석 등을 하였으며 관련 계수와 특성을 도출하였다. 마찬가지로 공간적인 입지변화에 대해 ArcGIS 10.0 프로그램을 활용하여 입지 요인, 이동 방향, 이동 거리 등을 분석하였으며 관련 계수와 특성을 도출하였다.

셋째, 국외 기업입지모델 분석 자료와 국내 기업의 통계 및 이동 특성 분석 자료를 기초로 국내 기업입지모델의 구조를 다이어그램으로 구축하고, 세부 하위 모델 도출과정을 다양한 통계함수를 활용하여 설명하였다. 또한, 각 하위모델 간의 연결 구조를 순서도로 구축하여 유기적인 관계와 흐름을 설정하였다.

마지막으로, 기업입지모델의 장기적인 시뮬레이션은 Microsoft EXCEL 2010을 이용하여, 각 존별 데이터와 하위 모델 함수를 링크로 연결시키고 반복 작업을 통해 시뮬레이션하였다.

제3절 연구의 내용구성

제1절에서 제시한 연구 목적을 기반으로 이 연구의 구성을 [그림 1-2]와 같이 구성하였다.

제1장에서는 본 연구의 배경과 목적을 중심으로 연구 방법과 분석 자료를 설명하였으며, 연구 문제를 제기하고, 연구의 구성과 흐름을 설정하였다.

제2장에서는 국내 기업[12]입지모델 구축에서 필요한 다양한 계수를 찾고자 수도권 소재 기업의 통계(firmography)[13]와 이동 특성을 분석하였다. 기업통계변화에서는 국내 전체와 수도권 그리고 서울과 인천, 경기로 지역을 구분하여 산업별 기업의 성장과 쇠퇴, 신규 및 휴폐업의 변화와 미치는 영향 요인을 분석하였다. 또한, 기업의 입

---

12) 본 연구에서 사용되는 '기업'이란 용어는 통계용어상의 '사업체'와 동일한 의미를 갖는다. '사업체'는 '기업체'를 구성하는 독립적인 단위를 일컬으며, 다수의 '사업체'가 하나의 '기업'이 될 수 있다는 점에서 구분된다. 하지만, 외국에서 사용 중인 모델에서 기업(firm)의 용어를 주로 사용하고 있으므로, 이 연구에서도 '기업'을 '사업체'와 동일하게 기업체를 구성하는 독립적인 단위로 사용하였다.

13) 기업통계(firmography)는 기업의 생애주기(lifecycles) 변화를 인구통계(demography)학적으로 묘사한 것을 의미한다. 기업통계에서 가장 중요한 이벤트(events)는 기업의 생성(birth), 폐업(closure)과 고용이나 고객 수, 점유면적, 생산품에 대한 성장(growth)과 쇠퇴(decline)이다.

지와 이동 특성을 분석하여 도출되는 계수를 국내 기업입지모델 개발에 활용하였다.

제3장에서는 2장에서 검토된 국외 기업입지모델의 검토 자료와 3장에서 도출된 수도권 기업의 통계와 입지관련 계수를 기반으로 수도권의 장기적인 기업입지변화를 예측할 수 있는 기업입지모델의 구조적 틀과 세부 모형을 제시하였다. 또한 각 하위모형을 정의하고 구성 과정을 기술하였다.

제4장에서는 3장에서 구축한 수도권 기업입지모델을 기반으로 장기적인 시뮬레이션을 하였다. 또한 시뮬레이션을 시나리오별로 구분하여 각 시나리오별 장기적인 기업의 입지변화 예측 결과를 도출하였다. 이 연구에서 시뮬레이션 분석까지를 연구 목표로 한 이유는, 수도권의 실제 기업 데이터를 기반으로 장기적인 시뮬레이션의 가능성을 검토하기 위한 것이다. 또한, 시나리오를 구성하여 시뮬레이션하였을 때 시뮬레이션 결과 값의 차이를 확인하고자 하였다.

마지막으로 제5장에서는 도출된 연구 결과를 요약하고, 이 연구의 의의와 활용방안을 제시하였다. 또한 연구의 한계와 향후 연구 과제를 제시함으로써 연구의 지속성을 갖추고자 하였다.

제2장

수도권 기업의
통계(firmography)와
입지변화 분석

제1절 분석개요와 산업유형 분류

1. 분석개요 및 자료

이 장에서는 수도권 기업의 다양한 현황분석을 통해 기업 성장률, 쇠퇴율, 생성률, 소멸률, 입지 및 이동 등의 국내 기업관련 계수를 도출하여 이를 모델 개발에 활용하고자 하였다. 분석의 틀에서 제시한 두 관점에서 수도권 기업의 현황을 분석하였다.

첫째, 비공간적인 변화인 기업의 기업통계(firmography) 관점에서 기업의 성장과 쇠퇴, 생성과 소멸로 구분하여 분석하였다. 이를 위해 사용된 데이터는 통계청의 사업체총조사자료(1981~2010), 기업 생멸 현황분석 보고서(2004~2009), 시도별 지역내총생산(1985~2010), 통계청 MDSS 읍면동 단위 사업체 및 종사자 자료(2000~2010)를 활용하였으며, 사용된 모든 데이터는 행정동 또는 시도단위로 집계된 데이터이다.

둘째, 공간적인 변화인 기업입지(firm location) 관점에서 수도권 기업의 입지요인 및 이동 특성으로 각 산업유형별로 입지요인변수를 도출하고, 이동 특성과 거리를 분석하였다. 이를 위해 매일경제 신문사에서 제공하는 전국기업체총람 데이터(2006~2011)를 분석하였다. 전국기업체총람 데이터는 행정구역의 단위로 집계(aggregate) 되지 않은 지적 기반의 개별 기업 데이터로 보다 정확한 입지요인과 이동 방향 등을 분석할 수 있다(표 3 - 1 참조).

[표 3-1] 연구 활용 데이터 목록 및 활용 내용

구분	데이터 명칭	출처	기간	공간 범위 및 단위	분석 내용
집계 데이 터	전국 사업체 총 조사 자료	통계청 (KOSIS)	1981 ~ 2010	전국, 시도	•연도별 기업수 및 고용자수 변화 추이 분석 •연도별 산업 구조변화 추이 분석 •산업유형별 성장 및 쇠퇴 지역 분석
	전국 시도별 지역내 총생산 자료		1985 ~ 2010	전국, 시도	•연도별 GRDP 변화 추이 분석 •산업유형별 GRDP 변화 추이 분석 •지역별 GRDP 변화 추이 분석
	전국 사업체 총 조사 자료	통계청 (MDSS)	2000 ~ 2010	수도권, 읍면동	•지역별 산업 성장 및 쇠퇴 분석 •시뮬레이션 기초 연도 활용 •시뮬레이션 실증 분석
	기업 생멸현황 보고서	신용보 증기금	2004 ~ 2009	전국, 시도	•산업유형별 생존 및 위험률 분석 •산업유형별 신규 및 휴폐업 기업수 변화 추이 분석
비집 계 데이 터	전국기업 체총람	대한 상공 회의소	2006, 2008, 2011	전국, 지번	•산업유형별 재입지 효용 분석 •산업유형별 고용자수 변화 분석 •신규 및 휴폐업 기업의 고용자수 분포 분석 •기업 고용자수 규모별 전이 확률 분석 •산업유형별 기업 이동 거리 분석 •기업 규모별 이동 거리와 빈도 분석 •기업 연령별 이동 거리와 빈도 분석 •기업이동 거리감쇄 분석 •산업유형별 이동 빈도 및 확률 분석

2. 산업의 유형 분류

우리나라는 수차례 산업의 유형분류가 변경되어 왔다(1~9차). 따라서 산업의 유형을 어떻게 분류하느냐에 따라서 산업의 성장과 쇠퇴 등의 관점이 바뀔 뿐만 아니라 입지요인 및 이동 특성부분에 있어서도 상이한 결과가 도출될 수 있다.

산업의 유형 분류가 포괄적이면 데이터 수집이 용이하나, 각 산업별 다양한 성장, 쇠퇴, 입지 요인 등이 도출되지 않는 단점이 있다. 반면에 분류가 세부적이면 산업별 입지 특성이 잘 드러나지만, 데이터 구축의 어려움과 장기적인 변화 예측이라는 연구 목적과 부합되지 않는 단점을 갖는다. 따라서 산업의 분류와 관련된 다양한 선행연구를 검토하여 본 연구의 목적에 부합하는 적절한 산업분류를 하고자 하였다.

이 연구에서 사용된 산업의 분류는 농업과 임업, 광업, 어업을 1차 산업으로 분류하고, 제조업은 경공업, 중공업, 첨단산업으로 분류하였다(이한일/이번송, 2002; 이번송/김석영, 2005). 서비스산업의 경우 그 범위가 넓고 포괄적이기 때문에 다양한 선행 연구(Healy and Ilbery, 1990; 김병선・김걸, 2009; 박상희, 2008; 조순철・송우경, 1998 등)에서 분류한 생산자 서비스업, 소비자서비스업, 유통서비스업으로 분류하였으며, 그 외 산업은 기타 산업으로 건설업, 전기/가스/수도 공급업, 환경정화업, 공공서비스업으로 분류하였다.

장기간의 시계열적인 기업의 통계변화는 산업유형의 분류 기준의 변경 때문에 중분류로 분석함에 있어서의 어려움으로 본 연구의 산업분류 중 대분류 위주로 분석하였으며, 기업의 이동 및 입지 변화에 대한 분석은 마찬가지로 본 연구의 산업분류 중 중분류를 기준으로 구분하여 각각 분석하였다(표 3-2 참조).

[표 3-2] 본 연구의 산업 분류

표준산업분류 9차 개정(중분류 Code)	본 연구의 산업분류	
	중분류	대분류
A01, A02, A03, B05, B06, B07, B08 (농업/임업/어업/광업)	1차 산업	1차 산업
C10, C11, C12, C13, C14, C15, C16, C17, C18 (식료품/음료/담배/섬유제품/의복/의복액세서리/모피/가죽/가방/신발/목재/나무제품/펄프/종이/인쇄/기록매체)	경공업	제조업
C19, C20, C21, C22, C23, C24, C25, C30, C31, C32, C33 (코크스/화학물질/화학제품/의료용물질/의약품/고무제품/플라스틱제품/비금속광물질/1차금속/금속가공제품/자동차/트레일러/운송장비/가구/기타제품)	중공업	
C26, C27, C28, C29 (전자부품/컴퓨터/영상/음향/통신장비/의료정밀기기/광학기기/시계/전기장비/기타 기계 및 장비)	첨단산업	
J62, J63, K64, K65, K66, L68, L69, M70, M71, M72, M73, N74, N75 (컴퓨터프로그래밍/시스템통합및관리/정보서비스업/금융업/보험및연금업/금융및보험업/부동산업/임대업/연구개발/전문서비스/건축기술/엔지니어링/과학기술/사업시설관리/조경서비스업)	생산자 서비스업	서비스업
G45, G46, G47, I55, I56, J58, J59, J60, P85, Q86, Q87, R90, R91, S94, S95, S96 (자동차및부품판매/도매상품중개/소매/숙박/음식점및주점/출판/영상/오디오기록물제작및배급/방송업/교육서비스/보건업/사회복지/창작예술및여가관련/스포츠및오락/협회및단체/수리업/기타개인)	소비자 서비스업	
H49, H50, H51, H52, J61 (육상운송및파이프라인/수상운송/항공운송/창고운송관련/통신업)	유통 서비스업	
F41, F42 (종합건설업/전문직별공사업)	건설업	기타 산업
D35, D36 (전기/가스/증기및공기조절공급업/수도사업)	전기·가스·수도공급업	
E37, E38, E39 (하수/폐수/분뇨처리/환경정화/복원/폐기물수집운반/처리및원료재생)	환경 정화업	
O84 (공공행정/국방및사회보장)	공공 서비스	

제2절 수도권 기업통계(firmography)변화 분석

수도권 기업통계변화 분석에서는 국내 기업의 산업유형별 기업수와 고용자수 변화를 중심으로, 기업의 성장과 쇠퇴, 생성과 소멸에 어떠한 요인이 영향을 미쳤는지를 분석하여 모델 개발에 활용하고자 하였다.

1. 수도권 기업의 성장 및 쇠퇴 분석

수도권 기업의 성장과 쇠퇴는 지역과 산업별로 구분하여 분석하였으며, 지역별 기업의 성장과 쇠퇴는 1981년부터 2010년까지의 기업수와 고용자수 증감을 중심으로 분석하였다. 또한, GDP 및 GRDP를 함께 비교하여 경제성장과 기업수 및 고용자수 변화를 검토하였으며, 산업별 성장과 쇠퇴는 수도권의 행정동 단위를 중심으로 2000년과 2010년의 고용자수 변화를 분석하였다.

1) 수도권 고용자수 성장 및 쇠퇴

전국 국민총생산(GDP)변화와 총 기업수 및 고용자수 변화는 아래 [그림 3－1]의 그래프와 같다. 1981년부터 2010년까지 GDP와 사업체수 및 고용자수 모두 증가하였으며, IMF가 있었던 1997년과 1998년만 감소한 것으로 나타났다. GDP증가량과 사업체수 및 고용자수의 증가량에 대한 탄력성은 사업체수보다는 고용자수가 보다 높게 나타났다. 상관관계 분석 결과 유의수준 0.01%에서 모두 유의미하게 나타났으며, 피어슨 상관계수는 총사업체수가 0.903, 총고용자수가 0.932로 GDP대비 총 고용자수가 높게 나타났다(표 3-3 참조).

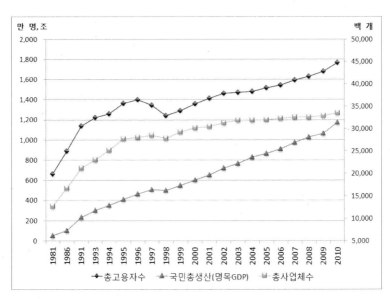

[그림 3-1] 국민총생산액과 총 기업수 및 고용자수 변화(전국)

[표 3-3] 전국 GDP와 총 기업 및 고용자수 상관관계 분석 결과

구분		국내총생산(명목GDP)	기업수	고용자수
국민총생산 (명목GDP)	Pearson 상관계수	1		
	N	21		
기업수	Pearson 상관계수	.903**	1	
	N	21	21	
고용자수	Pearson 상관계수	.932**	.958**	1
	N	21	21	21

**: 0.01

수도권의 경우도 전국과 비교해서 기업수와 고용자수 변화가 유사하다. 수도권의 지역내총생산(GRDP)은 1986년 46,951억 원에서 2010년 560,935억 원으로 1,195% 증가하였으며, 총 사업체수와 총 고용자수는 각각 602,278개, 4,375,371명에서 1,580,408개, 9,064,257명으로 증가하였다(그림 3 - 2 참조). 수도권 GRDP와의 피어슨 상관관계는 사업체수가 0.919, 총 고용자수는 0.957로 나타났다.

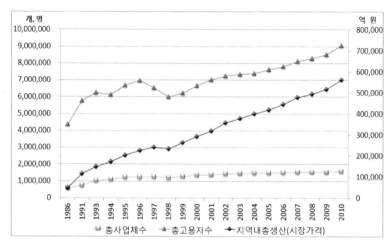

[그림 3 -2] 수도권 지역내총생산(GRDP)과 사업체수 및 고용자수 변화

수도권의 산업구조 변화는 기업수와 고용자수를 기준으로 각각 살펴보았다. 먼저 사업체수를 기준으로 살펴보면, 1981년에 절반을 넘는 가장 높은 비중인 62.6%를 차지하던 도소매 및 음식 숙박업의 서비스업은 점차 감소하여 2010년에는 42.8%로 낮아졌으나, 가장 높은 비중을 차지하고 있다. 서비스업 중에서도 금융/보험/부동산 서비스업과 사회 및 개인 서비스업은 각각 5.5%, 15.0%에서 9.8%,

21.5%로 점차 증가하였으며, 특히 운수 창고, 통신 서비스업이 0.8%에서 12.7%로 크게 성장했다.

반면, 제조업은 14.8%에서 점차 낮아져 2010년에는 10.5%의 비중을 나타냈다. 건설업은 1.1%에서 2.7%로 증가하였고, 1차 산업과 전기/가스/수도사업은 기업의 비중이 0.1% 이하로 매우 낮게 나타났다(그림 3－3 참조). 고용자수를 기준으로 보면, 도소매 음식숙박 서비스업의 경우 24.1%에서 24.8%로 오히려 증가하였으며, 그 외 사회 및 개인, 운수 창고/통신업, 금융/보험/부동산 서비스업들은 기업수보다 모두 더 큰 폭으로 증가한 것으로 나타났다. 반면, 건설업은 오히려 14.6%에서 6.7%로 감소하였으며, 제조업은 37.9%에서 16.9%로 크게 감소하였다(그림 3－4 참조).

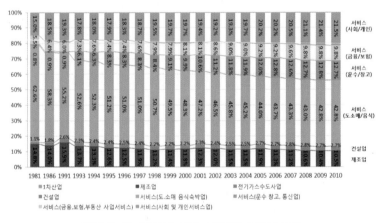

[그림 3－3] 사업체수 기준 산업구조 변화(수도권)

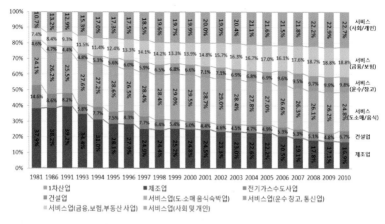

[그림 3-4] 고용자수 기준 산업구조 변화(수도권)

수도권의 산업 유형별 총 사업체수의 변화는, 대부분의 산업 기업수가 증가하였으며, 그중 도소매 음식숙박 서비스업은 1981년에서 1996년까지 크게 증가한 이후부터는 증가폭이 낮아지고, 그 외 운수/창고/통신, 금융/보험/부동산 사업, 사회 및 개인 서비스업은 모두 크게 증가하였다. 반면 제조업과 건설업의 경우 기업수가 1991년부터 크게 변하지 않았다(그림 3-5 참조).

총 고용자수를 기준으로는 총 사업체수 변화와 다르게 나타난다. 도소매 음식숙박 서비스업은 사업체수 변화와 비슷했으나, 제조업의 경우 큰 변동이 없었던 기업수와 다르게 고용자수는 1991년부터 점차 감소하고 있는 것으로 나타났다. 건설업도 1990년까지 점차 증가하였다가 감소 후 2004년부터 다시 증가하였다. 그 외 운수/창고/통신, 금융/보험/부동산 사업, 사회 및 개인 서비스업은 사업체수 증가폭보다 더 크게 증가하였다(그림 3-6 참조).

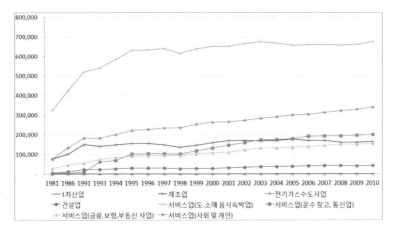

[그림 3-5] 산업유형별 사업체수 변화(수도권)

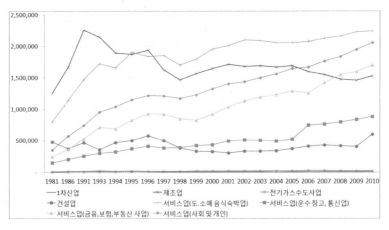

[그림 3-6] 산업유형별 고용자수 변화(수도권)

이상에서의 수도권에서 GRDP변화와 구조변화의 두 변수가 사업
체수와 고용자수 증감에 대한 영향에 대해 상관관계 분석에서 유의
미하게 나타났으며, 이는 국외 기업입지모델에서도 외생변수로 두

변수를 사용하는 것과 일치하는 결과로[14], 국내에서도 동일하게 적용시킬 수 있음을 확인하였다.[15]

2) 산업별/지역별 고용자수 성장 및 쇠퇴

각 산업별 성장과 쇠퇴는 고용자수를 중심으로 분석하였다. 이 연구에서 구분한 11가지의 산업유형을 중심으로 2000년과 2010년 각 행정동별 고용자수의 분포와 증감변화를 분석하였다. 각 행정동별 고용자수의 분류는 ArcGIS에서 제공하는 Jenks' Natural Breaks algorithm[16]을 이용하여 5단계로 분류하여 비교하였다. 본 장에서는 전체산업과 주요 산업인 제조업 전체, 서비스업 전체를 살펴보았다. 중분류별 고용자수 성장 및 쇠퇴지역에 대한 분석은 [부록 2]에 수록하였다.

수도권에서 전체산업의 고용자수는 2000년에 서울과 안산, 인천, 경기 중부 지방을 중심으로 고용자수가 높았으며, 2010년에도 유사하게 고용자수가 분포하였다. 2000년에서 2010년 사이의 고용자수 변화는 경기 지역 중부와 서부지역에서의 증가량이 높았다(그림 3-7 참조).

제조업은 2000년에 서울과 경기 중부 지역이 도넛형태로 고용자수가 높았으며, 2010년에는 강화, 인천, 안산, 화성, 평택의 제조업 종사자수가 높았다. 2000년과 2010년의 고용자수 증감은 서울과 접하지 않은 경기 중부 지역인 강화, 고양, 동탄, 화성, 평택에서의 고

---

14) 기업의 통계적 변화에 영향을 미치는 외부영향 요인으로 ILUMASS 모델에서 사용하는 두 영향 요인(GDP와 산업구조)과 동일한 결과로 볼 수 있으며 본 연구에서도 두 외부 영향 요인 변수를 활용하였다.

15) 수도권을 서울과 인천, 경기로 각각 구분하여 분석한 결과는 [부록 1]에 추가하였다.

16) Jenks' Natural Breaks algorithm은 GIS에서 널리 사용되는 분류 기법으로 집단의 수를 정하고, 각 집단의 제곱편차의 총 합계를 되도록 낮게 조정하여 일정한 임계수치 아래로 낮아졌을 경우 분류를 마치는 기법이다.

용자수가 매우 높게 증가하였다(그림 3 - 8 참조).

서비스업의 고용자수는 2000년 서울을 중심으로 강남, 영등포, 중구 일대에서 매우 높았으며, 2010년에는 서울과 인접한 경기도 지역에서의 고용자수가 높았다. 2000년에서 2010년 사이 고용자수 변화는 수도권 외각 지역은 대부분 감소하였고, 인천 영종도와 서울시, 서울시와 인접한 도시에서 증가하였다(그림 3 - 9 참조).

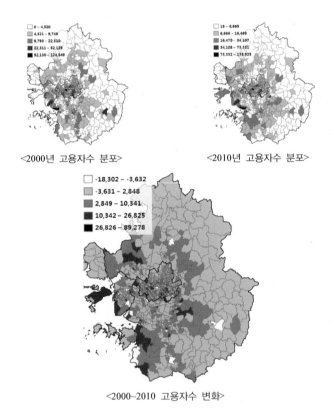

<2000년 고용자수 분포>　　　<2010년 고용자수 분포>

<2000~2010 고용자수 변화>

[그림 3 - 7] 전체산업 고용자수 분포 및 변화(2000~2010)

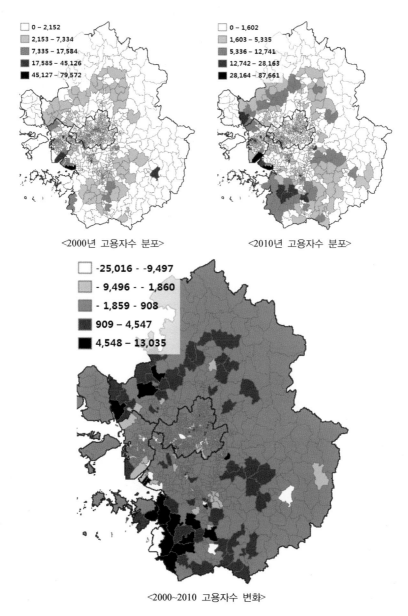

<2000년 고용자수 분포>　　　　　　<2010년 고용자수 분포>

<2000~2010 고용자수 변화>

[그림 3-8] 제조업 전체 고용자수 분포 및 변화(2000~2010)

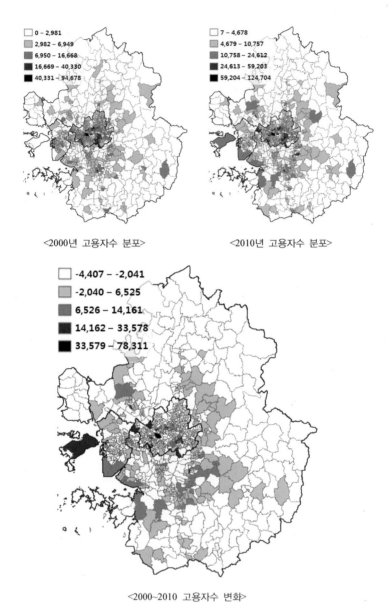

<2000년 고용자수 분포>

0 – 2,981
2,982 – 6,949
6,950 – 16,668
16,669 – 40,330
40,331 – 94,678

<2010년 고용자수 분포>

7 – 4,678
4,679 – 10,757
10,758 – 24,612
24,613 – 59,203
59,204 – 124,704

-4,407 – -2,041
-2,040 – 6,525
6,526 – 14,161
14,162 – 33,578
33,579 – 78,311

<2000~2010 고용자수 변화>

[그림 3–9] 서비스업 전체 고용자수 분포 및 변화(2000~2010년)

2. 수도권 기업의 생성 및 소멸

수도권 기업의 생성과 소멸 분석은 가용 데이터의 한계로 2004~2009 년까지 총 5년 데이터를 분석하였다. 산업유형의 분류는 본 연구에서 분류한 11개 유형의 분류가 아닌 제조업은 재분류되지 않은 9가지 유형의 분류로 분석하였다. 분석 자료는 통계청 통계개발연구원에서 보도한 2004~2009 기업 생성소멸(생멸) 현황 분석 자료를 활용하였다.

보도자료의 분석 기준은 사업체를 기준으로 작성되었으며, 기업의 산업 활동, 주소, 사업자(대표자) 중 2가지 이상의 항목이 동시에 변경되었을 경우 사업체 소멸이 발생한 것으로 판단하였다. 또한, 산업유형별 신규 및 휴폐업 자료는 지역적으로 구분되어 제공되지 않아 전국 단위로 분석하였으며, 각 산업별 신규 및 휴폐업 비율을 본 연구에서 적용하였다.

1) 수도권 기업의 생성 및 소멸

수도권의 신규 사업체는 2004년부터 2009년까지 2004년에서 2005년을 제외하고 조금씩 감소하였으며 평균 약 30만 개의 신규 사업체가 생성되었다. 마찬가지로 휴폐업한 소멸 사업체수도 신규 사업체와 유사하였으며, 평균 약 29만 개의 기업이 휴폐업하였다. 반면, 신규 사업체 증가에 따른 신규 종사자수와 휴폐업 종사자수 감소폭은 보다 차이를 나타냈다. 연평균 신규 종사자 증가는 약 121만 명이고, 휴폐업 종사자 감소는 약 109만 명이었다. 2008년은 신규 사업체보다 소멸 사업체수가 약 4,000개 높고, 종사자수는 휴폐업 종사자수 감소가 13,408명 높다[17](그림 3 - 10 참조).

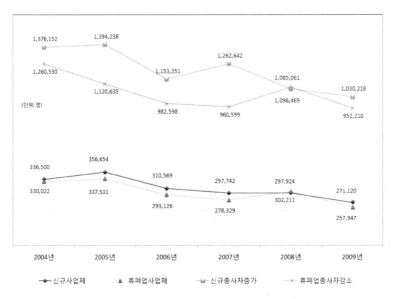

[그림 3-10] 신규 및 휴폐업 사업체와 종사자 증감(수도권)

2) 산업유형별 기업의 생성 및 소멸

산업유형별 생성 및 소멸사업체의 수는 자료의 한계로 전국 데이터를 분석하였다. 전국에서 발생한 산업 유형별 생성 기업과 소멸사업체의 비율을 도출하여 수도권에 적용시켰다. 각 산업유형별로 신규 사업체수의 발생량과 비율에서, 서비스업(소비자)이 연평균 약 40만 개로 70%가량의 가장 높은 비율이었고, 서비스업(유통)이 약 8.6만 개(14.5%), 제조업이 약 5.4만 개(9.0%), 건설업이 약 2.2만 개

---

17) 2008년은 글로벌 경기 침체가 있었던 연도로 2007년과 2009년에 비교했을 때 휴폐업 사업체 및 종사자수의 감소폭이 큰 것을 확인할 수 있다.

(3.5%), 서비스업(생산자)이 1.3만 개(2.3%) 순서로 나타났다. 서비스업 유형의 산업은 생성 비율이 매우 높았다. 그 외 1차 산업과 전기/가스/수도 산업, 환경정화산업, 공공산업 유형은 모두 0.1%로 낮았다(표 3-4 참조).

[표 3-4] 산업유형별 신규 사업체수와 비율(전국)

산업유형별 신규 사업체		2004	2005	2006	2007	2008	2009	1년 평균
산업 전체	개수	625,598	706,389	582,997	569,377	568,125	519,531	595,336
	비율	100.0%	100.0%	100.0%	100.0%	100.0%	100.0%	0.1%
1차 산업	개수	418	725	494	499	376	711	537
	비율	0.1%	0.1%	0.1%	0.1%	0.1%	0.1%	0.1%
제조업	개수	67,763	70,607	50,462	49,703	46,422	39,597	54,092
	비율	10.8%	10.0%	8.7%	8.7%	8.2%	7.6%	9.0%
서비스업	생산자 개수	13,277	16,404	13,730	13,703	14,018	11,957	13,848
	생산자 비율	2.1%	2.3%	2.4%	2.4%	2.5%	2.3%	2.3%
	소비자 개수	422,716	497,853	403,101	404,298	398,411	373,602	416,663
	소비자 비율	67.6%	70.5%	69.1%	71.0%	70.1%	71.9%	70.0%
	유통 개수	97,069	91,113	91,764	77,504	84,746	75,501	86,282
	유통 비율	15.5%	12.9%	15.7%	13.6%	14.9%	14.5%	14.5%
기타	건설업 개수	21,848	27,353	21,819	22,107	23,045	17,053	22,204
	건설업 비율	3.5%	3.9%	3.7%	3.9%	4.1%	3.3%	3.7%
	전기/가스/수도 개수	165	230	139	137	82	159	152
	전기/가스/수도 비율	0.0%	0.0%	0.0%	0.0%	0.0%	0.0%	0.0%
	환경정화산업 개수	822	1103	973	992	721	678	881
	환경정화산업 비율	0.1%	0.2%	0.2%	0.2%	0.1%	0.1%	0.1%
	공공산업 개수	1,520	1,001	515	434	304	273	674
	공공산업 비율	0.2%	0.1%	0.1%	0.1%	0.1%	0.1%	0.1%

산업유형별 휴폐업 사업체수와 비율은, 전체적으로 서비스업에서의 휴폐업 사업체수와 비율이 높았다. 서비스업(소비자)의 연평균 휴

폐업 사업체수는 약 40만 개(70.5%)로 가장 높았으며 다음으로 휴폐업 비율이 높은 산업유형은 서비스업(유통)으로 연평균 약 8.1만 개의 사업체(14.1%)가 휴폐업하였다. 다음으로 제조업은 연평균 약 5.4만 개(9.4%), 건설업은 약 2.0만 개(3.5%), 서비스업(생산자)은 약 1.1만 개(2.1%) 순서로 나타났다. 그 외 1차 산업, 전기/가스/수도, 환경정화산업, 공공산업은 각각 515개(0.1%), 142개(0.0%), 686개(0.1%), 720개(0.1%)로 매우 낮았다(표 3 - 5 참조).

[표 3-5] 산업유형별 휴폐업 사업체수와 비율(전국)

산업유형별 휴폐업 사업체		2004	2005	2006	2007	2008	2009	1년 평균
산업 전체	개수	619,548	687,053	556,269	530,714	579,759	491,665	577,501
	비율	100.0%	100.0%	100.0%	100.0%	100.0%	100.0%	100.0%
1차 산업	개수	423	753	553	426	466	468	515
	비율	0.1%	0.1%	0.1%	0.1%	0.1%	0.1%	0.1%
제조업	개수	64,193	59,186	52,259	51,824	61,568	38,192	54,537
	비율	10.4%	8.6%	9.4%	9.8%	10.6%	7.8%	9.4%
서비스 업	생산자	개수	13,124	13,626	11,325	10,645	12,978	10,024	11,954
		비율	2.1%	2.0%	2.0%	2.0%	2.2%	2.0%	2.1%
	소비자	개수	428,324	506,053	385,729	374,006	396,876	353,541	407,422
		비율	69.1%	73.7%	69.3%	70.5%	68.5%	71.9%	70.5%
	유통	개수	90,578	83,093	84,943	73,655	83,615	71,472	81,226
		비율	14.6%	12.1%	15.3%	13.9%	14.4%	14.5%	14.1%
기타 산업	건설업	개수	20,729	22,733	20,076	18,672	22,569	17,026	20,301
		비율	3.3%	3.3%	3.6%	3.5%	3.9%	3.5%	3.5%
	전기/가스/수도	개수	148	166	148	116	187	84	142
		비율	0.0%	0.0%	0.0%	0.0%	0.0%	0.0%	0.0%
	환경 정화산업	개수	614	704	650	734	899	514	686
		비율	0.1%	0.1%	0.1%	0.1%	0.2%	0.1%	0.1%
	공공산업	개수	1,415	739	586	636	601	344	720
		비율	0.2%	0.1%	0.1%	0.1%	0.1%	0.1%	0.1%

다음은 신규 사업체와 휴·폐업 사업체의 규모별 빈도를 분석하였다. 분석 자료는 2006년을 기준으로 대한상공회의소에 신규로 등록한 18,337개의 기업과 폐업으로 등록한 15,657개의 사업체 자료를 분석하였다. 고용자수 규모별로 빈도를 분석하여 추세를 가장 잘 설명하는 제곱함수의 형태로 도출하였다. 신규 사업체의 경우 고용자수가 없는 1인 기업 형태의 빈도가 전체 사업체 중 73.8%로 매우 높았으며, 1명의 고용자를 포함한 2인 사업체는 1,932개로 10.5%의 비중을 차지하였다. 3, 4, 5인 사업체는 비중이 각각 6.5%, 5.0%, 3.0%로 총 5인 이하의 사업체가 전체에서 98.9%로, 대부분이 5인 이하의 고용규모로 신설되었다(그림 3−11, 표 3−6 참조).18)

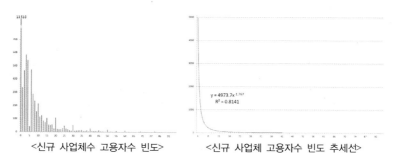

<신규 사업체수 고용자수 빈도>　　<신규 사업체 고용자수 빈도 추세선>

[그림 3−11] 신규 기업 고용자수 빈도 및 추세선(2009)

---

18) 글로벌 경기 침체가 있었던 2008년에 서비스업과 건설업은 신규와 휴폐업 사업체의 수가 오히려 높게 나타났다. 이와 같은 수치는 경기가 침체되었을 때 서비스업과 건설업은 오히려 사업체가 증가하는 것으로 볼 수 있다.

[표 3-6] 신규 사업체 규모유형별 기업수와 비율(2009)

	employee size	0	1~4	5~9	10~19	20~49	50~99	100~299	300~499	500~999	1000 over
birth	number	13,533	1,932	1,196	913	555	120	66	7	11	3
	rate(%)	73.81	10.54	6.52	4.98	3.03	0.65	0.36	0.04	0.06	0.02
clos-ure	number	16	6031	5053	2466	1529	348	159	16	5	4
	rate(%)	0.10	38.59	32.34	15.78	9.78	2.23	1.02	0.10	0.03	0.03

휴폐업 사업체는 고용자수가 0명인 1인 사업체가 0.1%로 신규 사업체와 비교했을 때 매우 낮았으며, 2인 사업체가 6,031개, 38.6%로 가장 높았다. 3~5명 사업체는 각각 32.3%, 15.8%, 9.78%이며, 총 5인 이하의 사업체가 96.6%로 신규 사업체와 마찬가지로 대부분의 5인 이하 사업체의 폐업빈도가 높았다(그림 3-12, 13, 표 3-7 참조).[19]

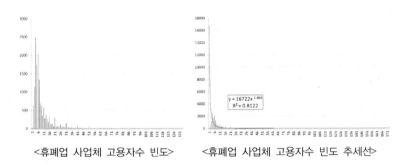

<휴폐업 사업체 고용자수 빈도>   <휴폐업 사업체 고용자수 빈도 추세선>

[그림 3-12] 휴폐업 사업체 고용자수 빈도 및 추세선(2009)

---

19) [그림 3-13]에서 기업의 연령에 따른 휴폐업 사업체의 발생 빈도가 연령별로 무분별하게 나타나지 않고, 5년까지 급격히 증가하였다가 점차 감소하는 포아송 분포 형태로 나타나는 것은 통계적인 함수 형태로 모델에서의 활용 가능성을 제시한다고 할 수 있다.

[표 3-7] 휴폐업 사업체 규모유형별 사업체수와 비율(2009)

고용 규모	0	1~4	5~9	10~19	20~49	50~99	100~299	300~499	500~999	1000 이상
개수	16	6031	5053	2466	1529	348	159	16	5	4
비율(%)	0.10	38.59	32.34	15.78	9.78	2.23	1.02	0.10	0.03	0.03

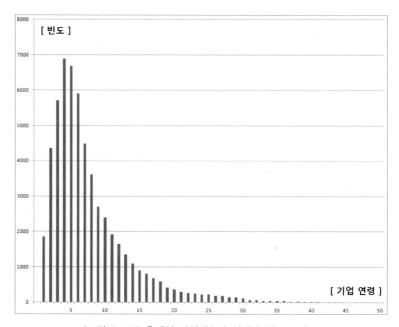

[그림 3-13] 휴폐업 사업체수와 연령별 빈도 그래프

이상에서와 같이 사업체의 고용규모와 연령에 따른 빈도가 각각 개별적이지 않고 지수 또는 포아송 형태의 통계적인 함수인 것은 모델에서의 적용 가능성을 제시하는 것이라 할 수 있다. 또한 국외 모델에서 반영하지 못한 부분이며 본 연구가 갖는 차별성으로 기업의 고용규모와 연령을 반영하였다.

제3절 수도권 기업입지(firm location)변화 분석

수도권 기업입지변화 분석은 국내 기업의 이동에서 도출되는 다양한 이동 특성을 기업입지모델 개발에 어떤 변수로 어떻게 적용할지를 알아내고자 분석하였다. 이를 위해 2가지 측면으로 구분하여 분석하였는데, 첫째는 산업유형별로 2006년과 2011년의 기업입지 자료를 기반으로 재입지한 기업의 입지선택 요인의 영향을, 두 번째는 동일한 기간에 입지를 변경한 기업들의 이동특징을 분석하였다.

1. 기업입지 및 이동 지리데이터베이스 구축

1) 분석 자료 및 구축 방법

전국기업체총람 데이터는 대한상공회의소에 등록된 전국 각 기업의 업종, 소재지, 고용자수 등의 자료를 엑셀 형태로 제공한다. 이 중 2006년과 2008년, 2011년 데이터를 구입하여 이 중 수도권 소재의 기업 데이터를 추출하였다(2006년 117,158개, 2011년 265,502개). 추출된 수도권 기업 데이터에서 2006년에서 2011년까지 상호명과 대표자성명이 변경되지 않아 입지변화를 추적할 수 있는 기업[20]은 총 36,620개이며, 이 중 입지를 변경한 재입지 기업은 14,587개, 입지를 변경하지 않은 기업은 22,083개의 기업으로 나타났다. 36,620개의 기업 입지 데이터를 지적 GIS 데이터와 조인(join)하기 위해 소재지 정보를 PNU[21]형태로 변경하여 데이터베이스를 구축하였다.

---

20) 이와 같은 분석기준은 신용보증기금(2006)의 연구자료 기준을 차용하여 사용하였다.

2) 지리데이터베이스 구축

가공된 PNU 형태의 수도권 기업 주소 데이터를 GIS를 활용하여 공간적인 지리데이터베이스로 구축하는 과정(table join)에서 지번 변경 등의 이유로 재입지 기업 데이터의 약 18.2%의 데이터가 소실된 9,956개의 재입지 기업 데이터를 포인트 데이터로 구축하였다(그림 3-14, 15 참조). 2006년과 2011년 모두 서울을 중심으로 다수의 기업이 입지해 있으며, 인천시와 부천시, 안양시와 안산시에 집중되어 기업들이 입지한 것을 알 수 있다.

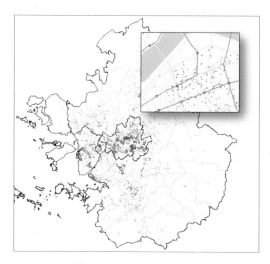

[그림 3-14] 2006 기업 입지 분포

---

21) PNU(Parcel Number Unit)는 필지를 고유하게 식별할 수 있는 값으로, 법정동리코드 (10)+산여부(1)+본번(4)+부번(4)의 총 19자리로 구성되어 있다.

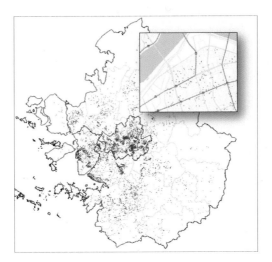

[그림 3-15] 2011 기업 입지 분포

2. 수도권 산업 유형별 기업입지 선택요인 분석

1) 산업별 기업입지 선택요인 분석 방법론

이 연구에서는 수도권 소재 기업의 입지선택요인을 분석하기위해 이항로짓모델을 활용하였다. 로짓모형은 종속변수와 설명변수의 관계를 설명하는 연계함수로서 로짓분포함수를 가정한다(신은진·안건혁, 2010). 이항로짓모형은 종속변수가 이항반응범주이거나 순서형반응범주일 때 종속변수와 독립변인 간의 식 3-1과 같이 가정한다.

$$y^* = \sum_{k=1}^{k} \beta_k x_k + \epsilon \; ----------------[식 \; 3-1]$$

$$y = \begin{cases} 1 \; \text{if} \, y^* > 0 \\ 0 \; otherwise \end{cases}$$

이는 이항분포가 선형회귀식의 기본가정을 충족시키지 못하기 때문에 가정된 관계이며, y^*는 관찰 불가능한 응답변수로 y^*가 어떠한 수준 이상에서 이항 선택항 범주인 경우 사건이 일어나며, 이하에서는 일어나지 않는 경우로 상정한다. [식 3-2]로부터, 기대되는 사건 y가 일어날 확률은 다음과 같이 유도된다.

$$
\begin{aligned}
prob(y=1) &= prob(\sum_{k=1}^{k} \beta_k x_k + \epsilon > 0) \qquad ----[식\ 3-2]\\
&= prob(\epsilon > -\sum_{k=1}^{k} \beta_k x_k)\\
&= 1 - F(-\sum_{k=1}^{k} \beta_k x_k) = F(\sum_{k=1}^{k} \beta_k x_k)
\end{aligned}
$$

이와 같이 확률을 도입함으로써 연속성을 확보하게 된다. 로짓모형은 연속확률분포함수의 형태로 정의되는 로짓분포를 연계함수로 가정하므로 독립변수들의 선형결합으로부터 사건 y가 일어날 확률은 다음과 같이 예측된다.

$$
F(\sum_{k=1}^{k} \beta_k x_k) = \frac{1}{1+e^{-\sum_{k=1}^{k} \beta_k x_k}} = \frac{e^{\sum_{k=1}^{k} \beta_k x_k}}{1+e^{\sum_{k=1}^{k} \beta_k x_k}} \qquad ----[식\ 3-3]
$$

[식 3-2]와 [식 3-3]으로부터 [식 3-4]와 같은 Odds와 Log Odds를 유도할 수 있으며 Odds는 이항 선택의 경우에 있어 한 사건이 일어나지 않을 경우 대비 사건이 일어날 경우의 확률비로 해석된다(송문섭·조신섭, 2004; 신은진·안건혁, 2010 재인용).

$$prob(y=1) = F(\theta) = \frac{e^{\theta}}{1+e^{\theta}} \quad ---------[\text{식} \ 3-4]$$

$$\text{단}, \theta = \sum_{k=1}^{k} \beta_k x_k$$

$$\Rightarrow e^{\theta} = \frac{prob(y=1)}{1-prob(y=1)}$$

$$\Rightarrow \log\left(\frac{prob(y=1)}{1-prob(y=1)}\right) = \sum_{k=1}^{k} \beta_k x_k$$

이 연구에서는 수도권 소재 기업의 입지요인의 선택 유무를 기반으로 로짓모형을 수행하고자 수도권을 직경(width) 300m로 이루어진 158,453개의 Hexagon polygon(이하 헥사곤)으로 구분하였다(그림 3-16 참조). Hexagon은 공간경제학에서 자주 사용되는 공간분할기법으로 Christaller(1933)와 Losch(1944, 1954) 등이 활용하였다.[22] 또한, Rectangle polygon보다 중심점으로부터 코너 부분까지의 정합성이 높아 보다 정교하다고 할 수 있다. 구축된 각 헥사곤의 중심 point를 이용하여 지하철역과의 거리, 평균 지가 등 다양한 기업입지 요인값을 부여하였다. 여기서 부여된 기업입지요인값들 $x_1 \sim x_n$을 독립변수로, 각 헥사곤에 해당 기업의 입지유무(입지: 1, 입지X: 0)를 종속변수로 하는 이항로짓 모델식을 [식 3-5]와 같이 구축하였다.

$$Logit = \alpha + \beta_1 x_1 + \beta_2 x_2 \cdots \beta_n x_n ---------[\text{식} \ 3-5]$$

$$\beta_1 \sim \beta_n : Parameters$$
$$x_1 \sim x_n : Location factors$$
$$Logit = p(F_k = 1|x_k) = \frac{\exp[f(x_{k,}\beta)]}{1+\exp[f(x_{k,}\beta)]}$$

---

22) McCann, P., 2001, Urban and Regional Economics, Oxford University Press, Oxford, pp.74~77.

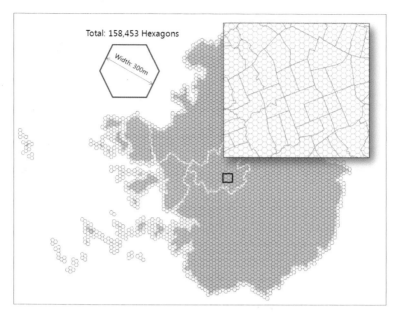

[그림 3-16] 헥사곤을 이용한 수도권 공간분할

2) 변수설정 및 산정

기업의 입지 선택요인변수는 국내외 기업입지와 관련된 선행연구 검토를 기준으로 도출하였다. 자료의 취득 가능성과 질적 수준을 기준으로 총 5가지 부문의 16가지 입지요인 변수를 설정하였다.

첫째 부문인 교통시설과의 접근성은 각 헥사곤의 중심점으로부터 해당 교통 시설과의 직선거리(Euclidean Distance)를 중심으로 산정하였으며, KTX역, 지하철역, 고속도로 IC, 인천국제공항, 인천항, 평택항, 버스정류장, 간선도로로 총 8개로 세분화하여 변수를 설정하였다. 경제성 부문에서는 공시지가를 기준으로 각 헥사곤에 중심점이 포함되는 지적의 평균 공시지가와 서울 중심(강남, 여의도, 종로)

과의 공간적인 직선거리를 변수로 하였다. 제도적 지원 부문에서는
용도지역상의 상업과 공업용도 유무(O＝1, X＝0)와 산업단지 유무
(O＝1, X＝0)를 변수로 하였다.

인력 및 소비자 부문에서는 해당 읍면동의 거주인구와 대학교 밀
도, 총 고용자수 변수를, 집적성 부문에서는 동일 업종 종사자수를
변수로 입력하였다(표 3－8 참조). 이 부문에서 읍면동 단위는 서울
의 경우 읍면동 단위의 면적은 작지만, 경기도에서는 매우 넓은 면
적을 나타내고 있으므로 읍면동 단위의 기준을 적용하였다. 기업 재
입지요인 중 공시지가를 도면으로 나타내면, [그림 3－17]과 같으며
서울을 중심으로 평균 공시지가가 매우 높았다.

[표 3-8] 기업 입지 선택요인 변수

부문		변수	산정 방법	기준
종속변수		y	각 헥사곤을 기준으로 기업이 재입지하였으면 y＝1, 재입지하지 않았으면 y＝0	2006~2011
독립변수23)	교통시설과의 접근성	x_1	가장 KTX역과의 직선거리(ln)	2010
		x_2	가장 가까운 지하철역과의 직선거리(ln)	2011
		x_3	가장 가까운 고속도로 IC와의 직선거리(ln)	2011
		x_4	인천국제공항과의 직선거리(ln)	2011
		x_5	인천항과의 직선거리(ln)	2011
		x_6	평택항과의 직선거리(ln)	2011
		x_7	통과노선가 반영된 버스정류장 밀도	2010
		x_8	가장 가까운 간선도로와의 직선거리(ln)	2011
	경제성	x_9	평균 공시지가	2010
		x_{10}	서울 중심(여의도, 강남, 종각)	2011

독립변수24)	제도적 지원	x_{11}	상업 및 공업 용도지역 여부(O=1, X=0)	2011
		x_{12}	산업단지 여부(O=1, X=0)	2011
	인력 및 소비자	x_{13}	해당 읍면동 지역의 거주인구수(ln)	2005
		x_{14}	대학(4년제, 전문대) 밀도	2011
		x_{15}	해당 읍면동 지역의 전체 업종 종사자수(ln)	2010
	집적성	x_{16}	해당 읍면동 지역의 동일 업종 종사자수(ln)	2010

* ln: 자연로그 ln을 취해 변수 간의 등분산성을 가정하였음.

「그림 3-17」 각 헥사곤별 평균공시지가(2011)

3) 산업별 기업입지 선택요인 분석

총 158,453개의 헥사곤 중에 기업의 입지가 불가능하거나 입지 가능성이 매우 낮은 수계지역과 표고 150m 이상의 지역을 제외한 총 81,474개의 헥사곤에 대해 각 헥사곤에 기업의 재입지 유무를 중심

---

23) 총 16개의 독립변수는 2장 2절의 검토한 선행연구에서 도출된 입지요인들을 반영하여 선정하였다.
24) 총 16개의 독립변수는 2장 2절의 검토한 선행연구에서 도출된 입지요인들을 반영하여 선정하였다.

으로 이항로짓분석을 하였다.

산업의 유형을 구분하지 않은 전체 산업[25]은 16개 변수 중 유의수준 0.1에서 12개의 변수가 유의미하였다. 이 중, 상업 및 공업 용도지역 지정에 따라서 재입지할 승산이 재입지하지 않을 승산보다 매우 높았다(odd ratio[26]=3.729). 그 외 고속도로 IC와 인천국제공항, 버스 정류장, 산업단지, 거주 인구수, 전체 종사자수 변수는 재입지할 승산이 높게 나타났다(odd ratio>1). 여기서 교통시설과의 접근성 변수는 접근 거리값이 커질수록 재입지할 승산이 커지는 것으로 해당 시설과 이전보다 멀리 재입지한 것으로 해석할 수 있다. 반면, KTX역과 지하철역, 인천항, 간선도로 변수는 해당 시설과의 접근 거리값이 작을수록, 즉 해당 시설과 근접하여 재입지할 승산이 높았다(odd ratio<1). 이 외에 공시지가, 서울 중심과의 거리 변수는 재입지하지 않을 승산이 높았다(odd ratio<1, 표 3-9 참조).

[표 3-9] 전체 기업의 기업 재입지요인 이항 로지스틱 분석 결과

변수명	B	S.E.	Wals	유의확률	Exp(B)
KTX역	-.339	.037	83.979	.000	.712
지하철역	-.118	.017	49.992	.000	.889
고속도로 IC	.035	.017	4.051	.044	1.036
인천국제공항	.684	.070	96.974	.000	1.983
인천항	-.422	.049	74.099	.000	.656

---

25) 산업의 유형을 구분하지 않았음으로 사업체의 수가 절대적으로 높은 서비스업의 분석 결과와 비슷한 결과가 도출되었다. 따라서 전체 산업보다 서비스업과 제조업, 건설업으로 구분된 분석 결과가 보다 정확할 수 있다.

26) odd ratio[Exp(B)]는 1보다 클 경우 상대적인 승산 확률이 높은 것을 의미하며, 반대로 1보다 낮을 경우 승산 확률이 낮은 것을 의미한다. 본 연구에서의 승산은 재입지할 확률을 의미한다.

평택항	.044	.043	1.074	.300	1.045
버스 정류장	.007	.001	87.149	.000	1.007
간선도로	-.037	.010	13.209	.000	.964
평균 공시지가	-.020	.018	1.238	.266	.980
서울 중심	-.372	.037	99.382	.000	.690
상업/공업 용도지역	1.316	.037	1261.879	.000	3.729
산업단지	.147	.055	7.072	.008	1.158
거주인구수	.031	.010	9.432	.002	1.031
대학(4년제, 전문대)	-.026	.132	.040	.842	.974
전체 종사자수	.375	.015	655.597	.000	1.455
동일 업종 종사자수	-	-	-	-	-
상수	-.827	.701	1.392	.238	.438

$R-square$: 0.313

각 산업유형별 재입지 요인을 이 연구에서 구분한 산업 유형별 중
분류를 기준으로 분류하여 이항로짓분석을 각각 수행했다.

제조업에서 경공업의 유의미한 변수는 지하철역과 버스정류장,
평균 공시지가, 전체 종사자수, 동일업종 종사자수이며, 이 중 공시
지가 변수는 공시지가가 높은 곳에 재입지할 승산이 재입지하지 않
을 승산보다 매우 높았다(odd ratio=4.247). 이는 지가가 임대료뿐
만 아니라 근무환경과도 매우 밀접한 관련이 있어서 도출된 분석 결
과로 해석된다. 또한, 동일업종 종사자수가 많은 곳으로의 재입지
승산이 컸으며(odd ratio>1), 지하철역과 버스 정류장, 전체 종사자
수 변수는 재입지하지 않을 승산이 컸다(odd ratio<1). 반면 중공업
은 교통시설과의 접근성보다는 경제성과 제도적 지원 부문의 변수
들이 유의미하였다.[27] 첨단산업도 중공업과 대부분의 변수가 동일하

---

27) 제조업에서 중공업은 공시지가와 공업 용도지역 유무, 산업단지 등의 입지요인이 재입
지에 영향을 미치는 것은 대규모 공장의 입지에 따른 입지의 한계로 입지가 가능한 부
지가 한계가 있기 때문인 것으로 볼 수 있다.

게 유의미했으나, KTX역과 지하철역 변수의 재입지하지 않을 승산이 높았고(odd ratio<1), 버스 정류장 밀도 변수는 재입지할 승산이 높았다(odd ratio>1). 이는 KTX역과 지하철역과 접근 거리값이 크고, 버스 정류장의 밀도가 높은 지역에 재입지할 승산이 그렇지 않을 승산보다 큰 것으로 해석할 수 있다(표 3 – 10 참조).[28]

[표 3-10] 제조업의 기업 재입지요인 이항로짓분석 결과

변수명	제조업_경공업			제조업_중공업			제조업_첨단산업		
	B	유의확률	Exp (B)	B	유의확률	Exp (B)	B	유의확률	Exp (B)
KTX역	−.214	.506	.808	−.075	.177	.928	−.382	.000	.683
지하철역	−.371	.039	.690	−.023	.416	.977	−.061	.041	.941
고속도로 IC	.489	.108	1.630	.028	.317	1.028	−.010	.733	.990
인천국제공항	−.152	.946	.859	−.022	.877	.978	−.059	.756	.943
인천항	.660	.667	1.935	.040	.689	1.041	−.164	.173	.849
평택항	3.094	.364	22.06	.216	.001	1.241	.141	.106	1.152
버스 정류장	−.011	.090	.989	.001	.415	1.001	.003	.023	1.003
간선도로	−.171	.170	.842	−.025	.146	.975	−.028	.134	.972
평균 공시지가	1.446	.000	4.247	.160	.000	1.174	.067	.043	1.069
서울 중심	−.229	.408	.795	−.630	.000	.533	−.382	.000	.683
상업/공업 용도지역	.154	.663	1.166	.989	.000	2.689	1.109	.000	3.032
산업단지	1.329	.136	3.778	.403	.000	1.497	.342	.000	1.408
거주인구수	.165	.155	1.180	.065	.001	1.067	.083	.000	1.086
대학 밀도	−.088	.913	.916	.098	.652	1.103	−.040	.861	.961
전체 종사자수	−.707	.000	.493	−.384	.000	.681	−.319	.000	.727
동일업종 종사자수	.705	.000	2.024	.714	.000	2.042	.573	.000	1.773
상수	−59.63	.075	.000	−2.456	.059	.086	3.446	.014	31.389
$R-square$		.319			.224			.261	

28) 특히 제조업에서 경공업과 첨단산업이 KTX역과 지하철역과의 거리가 가까울수록 재입지할 확률이 높은 것은 제조업이지만 도시형 산업으로 도시교통시설과의 접근성이 매우 중요한 입지 요인인 것을 알 수 있다.

서비스업에서는 제조업보다 폭넓은 변수가 유의미하게 나타났다. 고속도로 IC와의 접근거리 변수와 대학 밀도 변수를 제외한 모든 변수가 유의미했다. 상업/공업 용도지역 여부는 생산자 서비스업, 소비자 서비스업, 유통 서비스업에 있어서 각각 재입지할 승산이 높았다 (odd ratio＝3.138, 2.728, 2.714). 이는 상업 또는 공업 용도지역으로 지정된 곳으로의 재입지할 승산이 매우 큰 것을 알 수 있다. 그 외 평택항, 버스정류장, 공시지가 등의 변수는 재입지할 승산이 컸으며 (odd ratio＞1), 지하철역[29], 인천항, 서울도심과의 거리 등의 변수는 재입지하지 않을 승산이 컸다(odd ratio＜1, 표 3－11 참조).

[표 3－11] 서비스업의 기업 재입지요인 이항로짓분석 결과

변수명	서비스업_생산자			서비스업_소비자			서비스업_유통		
	B	유의 확률	Exp (B)	B	유의 확률	Exp (B)	B	유의 확률	Exp (B)
KTX역	−.100	.129	.905	−.401	.000	.670	−.037	.663	.963
지하철역	−.333	.000	.717	−.217	.000	.805	−.147	.002	.863
고속도로 IC	−.043	.288	.958	−.037	.115	.964	−.011	.825	.989
인천국제공항	1.048	.000	2.852	.800	.000	2.225	1.239	.000	3.454
인천항	−.420	.004	.657	−.279	.000	.756	−.808	.000	.446
평택항	.430	.080	1.538	.358	.000	1.431	.134	.404	1.144
버스 정류장	.006	.000	1.006	.007	.000	1.007	.007	.000	1.007
간선도로	−.093	.000	.911	−.057	.000	.945	−.060	.048	.941
평균 공시지가	.163	.003	1.178	.245	.000	1.277	.047	.413	1.049
서울 중심	−.296	.000	.744	−.192	.000	.825	−.479	.000	.619
상업/공업 용도지역	1.144	.000	3.138	1.004	.000	2.728	.998	.000	2.714
산업단지	−.032	.822	.968	−.286	.001	.751	.182	.267	1.199
거주인구수	.072	.000	1.074	.024	.040	1.025	.026	.312	1.026

29) 현대 도시에서 지하철은 매우 중요한 교통수단의 하나이며, 특히 수도권은 지하철역의 유동인구가 매우 높다. 유동인구가 높은 상권을 중심으로 서비스업의 재입지의 빈도가 높은 것은 앞서 검토한 상업시설의 중력모형 및 중심지이론과 동일한 분석 결과라 할 수 있다.

대학 밀도	.029	.889	1.029	-.221	.119	.802	.088	.759	1.092
전체 종사자수	-.287	.000	.751	.101	.017	1.106	-.311	.000	.733
동일업종 종사자수	.532	.000	1.702	.092	.068	1.096	.602	.000	1.826
상수	-12.07	.000	.000	-9.255	.000	.000	-6.01	.011	.002

$R-square$ 　　　　　　　.407　　　　　　　.336　　　　　　　.223

건설업에서도 KTX역과 고속도로 IC, 평택항, 대학 밀도를 제외한 모든 변수가 유의미하게 나타났다. 지하철역과 인천항, 간선도로 변수는 거리가 가까울수록 재입지할 승산이 그렇지 않을 승산보다 크고(odd ratio<1), 인천국제공항과 버스정류장, 서울 중심과의 거리 변수는 반대로 나타났다. 그 외 공시지가와 상업/공업용도 지역, 거주인구수, 동일업종 종사자수 변수도 재입지할 승산이 재입지하지 않을 승산보다 크게 나타났다(odd ratio>1). 반면, 산업단지나 전체 산업 종사자수 변수는 변수 값이 커질수록 재입지할 승산이 낮아졌다(표 3-12 참조).

[표 3-12] 건설업의 기업 재입지요인 이항로짓분석 결과

변수명	건설업			변수명	건설업		
	B	유의 확률	Exp (B)		B	유의 확률	Exp (B)
KTX역	-.037	.573	.964	서울 중심	.129	.028	1.138
지하철역	-.128	.000	.880	상업/공업 용도지역	.957	.000	2.604
고속도로 IC	.006	.863	1.006	산업단지	-.238	.085	.788
인천국제공항	1.000	.000	2.719	거주인구수	.038	.051	1.039
인천항	-.404	.001	.668	대학 밀도	-.343	.134	.710
평택항	.191	.150	1.210	전체 종사자수	-.386	.000	.680
버스 정류장	.006	.000	1.006	동일업종 종사자수	.574	.000	1.775
간선도로	-.107	.000	.899	상수	-16.784	.000	.000
평균 공시지가	.342	.000	1.408	$R-square$			.260

이상에서와 같이 산업 유형별로 기업의 이동에 따른 입지요인분석 결과 각 산업유형별로 유의미한 요인과 계수가 도출됐으며 이를 모델에 적용하였다.

3. 산업 유형별 기업이동특성 분석

수도권의 기업이동 특성 분석은 앞 단락에서 구축한 기업입지데이터를 활용하였다. 총 9,956건의 기업이동 데이터를 GIS의 Spider diagram 기능을 활용하여 Origin과 Destination을 포함하는 방향을 가진 벡터 데이터로 구축하였다(그림 3 – 18, 19 참조).

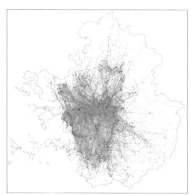 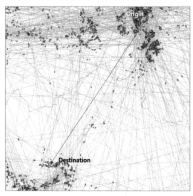

[그림 3 – 18] 수도권 기업이동 지리데이터베이스 구축   [그림 3 – 19] Origin과 Destination에 따른 벡터 데이터 구축

1) 지역 간 이동 특성

2006년에 서울과 경기, 인천에 입지하였던 기업이 2011에 소재지를 변경한 기업은 총 14,537개의 기업이었으며, 이 중 수도권→수도권으로 이동한 기업은 총 14,311로 약 98.4%의 기업이 수도권 안에

서 이동한 것으로 나타났다. 각 지역별로 살펴보면, 서울시의 경우 총 7,843개의 기업이 이동하였으며 이 중 서울→서울로 이동한 기업은 7,037개의 기업으로 89.7%가 재입지하였고 그다음으로 서울→경기도로 686개 기업 8.8%가 재입지하였다. 서울→인천은 48개로 0.6%만이 이동하였다. 그 외 충남 15개(0.2%), 충북 11개(0.1%), 경북 9개(0.1%), 대구 9개(0.1%) 등이 지역으로 이동하였다.

인천시는 총 1,178개 기업 중 인천→인천으로 996개(84.5%) 기업이 재입지하였으며, 인천→경기도로 132개(11.2%), 인천→서울로 20개(1.7%)가 이동하였다. 그 외 충남으로 12개(1.0%), 강원 8개(0.7%), 전북 4개(0.3%) 등으로 이전하였다.

경기도는 총 5,516개의 기업이 이동하였으며, 이 중 경기도→경기도로 5,127개의 기업(93.0%)이 이동하였다. 경기도→서울로는 162개(2.9%)가 이동하였고, 경기도→인천은 103개(1.9%)가 이동하였다. 그 외의 지역으로는 충남 37개(0.7%), 충북 35개(0.6%), 전북 10개(0.2%) 등으로 이전하였다(표 3 - 13 참조).

[표 3-13] 지역별 기업 이동

단위: 개, %

지역 구분		기존 입지 지역							
		서울		인천		경기		합계	
입지변경지역	강원	9	(0.1)	8	(0.7)	13	(0.2)	30	(0.2)
	경기	686	(8.8)	132	(11.2)	5,127	(93.0)	5,945	(40.9)
	경남	2	(0.0)	1	(0.1)	5	(0.1)	8	(0.1)
	경북	9	(0.1)	1	(0.1)	10	(0.2)	20	(0.1)
	광주	0	(0.0)	1	(0.1)	3	(0.1)	4	(0.0)
	대구	9	(0.1)	0	(0.0)	0	(0.0)	9	(0.1)
	대전	1	(0.0)	0	(0.0)	3	(0.1)	4	(0.0)
	부산	8	(0.1)	0	(0.0)	3	(0.1)	11	(0.1)

입지변경지역	서울	7,037	(89.7)	20	(1.7)	162	(2.9)	7219	(49.7)
	울산	3	(0.0)	0	(0.0)	0	(0.0)	3	(0.0)
	인천	48	(0.6)	996	(84.5)	103	(1.9)	1147	(7.9)
	전남	3	(0.0)	0	(0.0)	4	(0.1)	7	(0.1)
	전북	1	(0.0)	4	(0.3)	10	(0.2)	15	(0.1)
	제주	1	(0.0)	0	(0.0)	1	(0.0)	2	(0.0)
	충남	15	(0.2)	12	(1.0)	37	(0.7)	64	(0.4)
	충북	11	(0.1)	3	(0.3)	35	(0.6)	49	(0.3)
	합계	7,843	(100)	1,178	(100)	5,516	(100)	14,537	(100)

2) 산업별 이동 특성

산업별 이동 특성은 앞서 재분류한 11개의 산업을 중심으로 2006년
부터 2011년까지 이동한 기업들의 분포 변화와 이동 경로, 방향, 거
리 등을 분석하였다. 이전한 기업들의 2006년과 2011년의 분포변화
는 재입지 기업들의 입지 포인트에 해당하는 공간적인 거리를 기준
으로 표준편차타원체(SDE: Standard Deviational Ellips)[30]를 이용하여
분석하였으며, 재입지한 기업들의 이동방향은 이전 입지와 이후 입
지를 방향을 갖는 벡터 데이터로 구축하여 평균적인 이동 방향과 거
리(LDM: Linear Directional Mean)[31]를 나타내어 분석하였다. 또한
각 기업의 이동 거리별 빈도를 분석하여 기업이동에 대한 거리 감쇄

---

30) 표준편차타원체(SDE: Standard Deviational Ellipse)
는 GIS의 공간통계분석에서 지원하는 분석기능
으로 각 포인트들 간의 공간적인 거리를 기준으
로 중심점으로부터 표준편차거리에 해당하는 타
원체를 형성한다.

31) 평균이동방향(LDM: Linear Directional Mean)도
GIS의 공간통계분석에서 지원하는 분석기능으
로 방향을 갖는 각 벡터들의 평균 벡터거리와
방향을 표현한다.

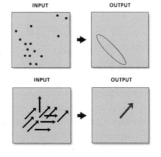

추세선을 지수 함수 형태로 도출하였다.

산업의 유형을 구분하지 않은 전체산업의 경우 수도권 전체적으로 입지를 변경한 기업인 서울을 중심으로 매우 활발하게 이동한 것으로 나타났으며, 그다음으로 인천과 경기 남부의 안양, 안산, 수원 등의 지역으로의 이동도 매우 활발한 것으로 나타났다. 그 외 수도권 지역에도 개별적인 기업들의 이동이 발생한 것으로 나타났다. 이와 같은 입지변화를 표준편차타원체(SDE)와 평균이동방향(LDM)으로 분석하였다. 전체 산업의 2006년과 2011년의 입지분포 패턴을 표준편차타원체(SDE)의 변화로 비교하면, 2006년보다 2011년 입지 포인트의 중심점의 Y축 좌표가 약 1.5km 정도 남쪽으로 이동하였으며, 표준타원체의 모양도 보다 확산되면서 남북방향의 길이(장축)가 크게 증가하여 전체적으로 입지 포인트가 남북방향으로 확산된 것을 알 수 있다.

이동 경로에 대한 평균 거리와 방향(LDM)은 평균 6,835.8m를 이동하였으며, 평균 이동 방향은 남서방향인 203.5°로 이동하였다. 또한, 이동한 기업들의 이동 거리별 빈도를 분석하고 추세선을 나타내었다. 전체 이동 기업 중 1km 이하의 거리로 이동한 기업이 4,413개로 전체 중 44.3%의 빈도를 나타내었다. 이후 이동거리가 증가할수록 기업 빈도수가 급격히 낮아졌으며, 순차적으로 10.0%, 6.8% 등의 빈도를 나타내었다(그림 3-20, 21 참조).

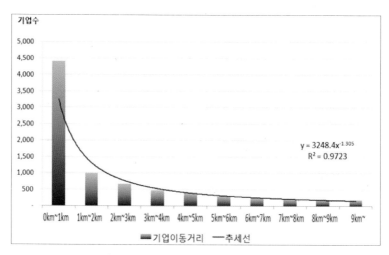

$$y = 3248.4x^{-1.305}$$
$$R^2 = 0.9723$$

[그림 3-20] 전체산업 기업이동 거리와 빈도

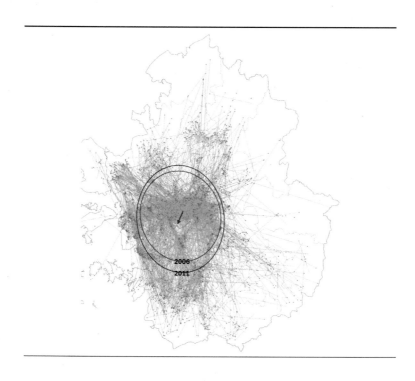

	구분		2006	2011
		Center X 좌표	195,279.2m	195,243.2m
		Center Y 좌표	443,150.3m	441,775.5m
	S D E	장축(x)표준편차거리(SDE)	22,267.9m	26,340.9m
		단축(y)표준편차거리(SDE)	20,080.4m	21,908.7m
		회전각도(Rotation)	163.4°	172.9°
	L D M	평균이동거리(AveLen)	6,835.8m	
		평균이동각도(CompassA)	203.5°	

----→ : Relocation Direction
◯ : SDE_2006
◯ : SDE_2011
➡ : LDM

N: 9,956

[그림 3-21] 전체산업 재입지 기업의 이동 방향과 거리

(1) 1차 산업

1차 산업에서 2006년부터 2011년까지 재입지한 기업은 15개 기업으로 매우 적은 기업이 이동하였다. 서울의 일부 기업이 인천시로 이동한 기업을 제외하고 그 외 기업은 해당 지자체 내부에서 이동하였다. 분석 재입지 기업수가 매우 낮아서 표준편차타원체나 평균이동방향과 거리에 대한 분석의 결과는 해석하는 것이 무의미하다. 이동 거리에 따른 기업 빈도도 표본수가 낮아 해석의 의미가 낮지만, 전체적으로는 이동 거리가 증가할수록 기업의 빈도가 낮았다(그림 3-22 참조).

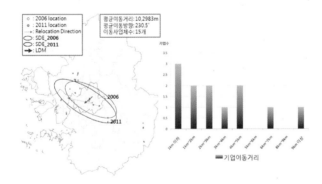

[그림 3-22] 1차 산업 재입지 기업의 이동 방향과 거리

(2) 경공업 제조업

경공업 제조업은 총 1,016개의 기업이 이동하였으며, 서울을 중심으로 활발하게 이동하였다. 수도권에서는 양주시와 포천시, 성남시 등의 일부지역에서 기업 이동이 활발하였고, 그 외 지역은 산발적으로 이동하였다. 표준편차타원체의 중심점은 2006년에서 2011년 사이 X축이 동쪽으로 약 400m, Y축이 북쪽으로 약 1,000m 이동하였으며, Y축의 표준편차거리가 2,300m 증가하여 전체적으로 북쪽 방향으로 확산되며 기업이 이동하였다. 평균기업이동거리는 5,904m로 전체 기업 평균(6,835m)보다 약 1km 짧게 이동하였으며, 평균 이동각도는 동쪽으로 치우진 동남쪽 방향인 100.4° 방향으로 이동하였다(그림 3-24 참조).[32]

기업의 이동거리별 기업빈도는 1km 이하로 이동한 기업이 488개로 전체 이동한 기업 중 48.0%였으며, 이후 전체 기업과 마찬가지로 빈도가 급격히 낮아져 각각 9.3%, 6.4%, 4.3%였다(그림 3-23 참조).

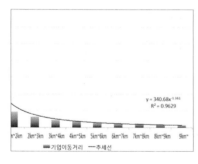

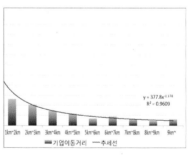

<제조업_경공업>   <제조업_중공업>

[그림 3-23] 제조업(경공업, 중공업) 기업이동 거리와 기업 빈도수

---

32) 경공업 제조업은 인천이나 안산시와 같은 기존 제조업이 발달한 안산이나 인천이 아닌 서울을 중심으로 기업들이 이동한 것을 알 수 있다. 이는 [표 3-10]에서와 같이 같은 제조업이더라도 중분류의 구분에 따라서 입지선택 요인이 도시교통 수단인 지하철에서 다르게 나타난 결과와 동일하다고 할 수 있다.

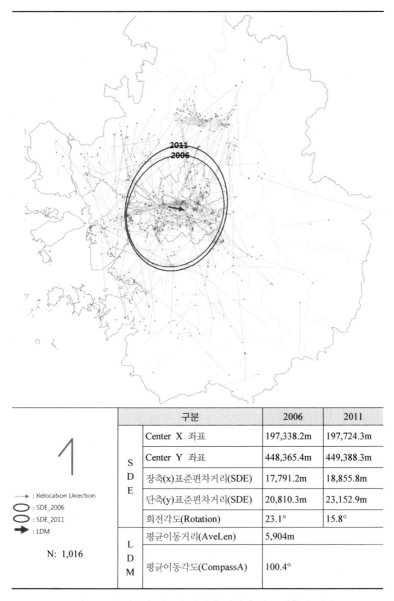

구분			2006	2011
S D E	Center X 좌표		197,338.2m	197,724.3m
	Center Y 좌표		448,365.4m	449,388.3m
	장축(x)표준편차거리(SDE)		17,791.2m	18,855.8m
	단축(y)표준편차거리(SDE)		20,810.3m	23,152.9m
	회전각도(Rotation)		23.1°	15.8°
L D M	평균이동거리(AveLen)		5,904m	
	평균이동각도(CompassA)		100.4°	

→ : Relocation Direction
◯ : SDE_2006
◯ : SDE_2011
➡ : LDM

N: 1,016

[그림 3-24] 경공업 제조업 재입지 기업의 이동 방향과 거리

(3) 중공업 제조업

중공업 제조업의 총 이동 기업수는 1,369개 기업으로 전체 재입지 기업 중 13.8%였으며, 지역적으로 서울과 경기 남서부 지역인 화성, 안산, 인천 지역에서의 기업 이동이 활발하였다. 그 외 수도권 지역에서는 산발적으로 기업이 이동하였다. 표준편차타원체의 중심점은 2006년에서 2011년 사이 X축이 서쪽으로 약 500m, Y축이 남쪽으로 약 4,800m 이동하였으며, 특히 인천과 안산반월공단으로 기업이 집중하여 이동하였다. 평균기업이동거리는 9,366.2m로 전체기업 평균(6,835m)보다 약 2.5km 긴 장거리 기업이동이 높게 나타났다. 평균 이동방향은 남서쪽 방향인 235.3° 방향으로 이동하였다 (그림 3 - 25 참조).[33]

기업이동 거리에 대한 기업수는 평균 기업이동거리가 높았던 이유로 이동거리에 대한 기업의 빈도수 감소폭이 전체 기업보다 완만하였다. 1km 이하로 이동한 기업이 454개로 33.2%이며, 이후 급격히 감소하여 9.6%, 7.6%, 5.3% 순서로 나타났다(그림 3 - 23 참조).

(4) 첨단산업 제조업

중공업 제조업의 총 이동 사업체수는 1,633개 기업으로 전체 재입지 기업 중 16.4%였으며, 지역적으로 서울에서는 구로구에서 기업의 이동이 활발하고, 부천과 인천시, 안양시, 안산반월공단에서도 기업이동이 활발하였다.

---

33) 제조업 중공업은 넓은 부지를 필요로 하고 원자재를 주로 해외에서 조달하는 특징이 반영되어 인천과 강화, 안산 지역의 서해안 중심으로 이동 빈도가 높은 것을 알 수 있다.

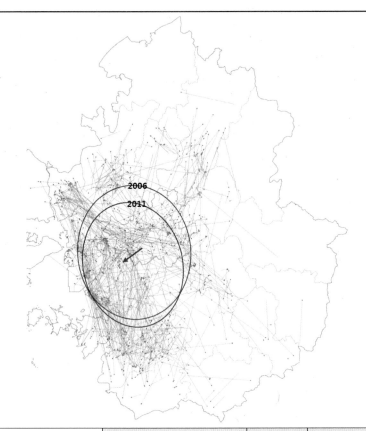

	구분		2006	2011
S D E	Center X 좌표		191,435.2m	190,927.5m
	Center Y 좌표		441,923.8m	437,134.3m
	장축(x)표준편차거리(SDE)		25,651.5m	24,042.9m
	단축(y)표준편차거리(SDE)		22,190.4m	19,470.8m
	회전각도(Rotation)		174.4°	165.9°
L D M	평균이동거리(AveLen)		9,366.2m	
	평균이동각도(CompassA)		235.3°	

→ : Relocation Direction
◯ : SDE_2006
◯ : SDE_2011
➤ : LDM

N: 1,369

[그림 3-25] 중공업 제조업 재입지 기업의 이동 방향과 거리

그 외 서울과 인접한 수도권 지역과 화성, 오산, 용인시에서도 다수의 기업이 이동하였다. 표준편차타원체의 중심점은 2006년에서 2011년 사이 X축이 동쪽으로 약 100m의 작게 이동한 반면, Y축이 남쪽으로 약 1,900m 이동하였으며, X축의 표준편차거리는 약 3,000m 증가하고 Y축은 900m 증가하여 전체적으로 남쪽 방향을 중심으로 확산되었다. 평균기업이동거리는 7,739.5m로 전체 기업 평균(6,835m)보다 약 0.9km 길게 나타났다. 평균 이동방향은 남쪽으로 치우친 남서쪽 방향으로 198.2° 방향으로 이동하였다(그림 3 - 27 참조).[34]

기업이동 거리에 대한 기업빈도는 1km 이하로 이동한 기업이 646개로 39.6%였으며, 이후 감소하여 10.9%, 6.6%, 4.9% 순서로 나타났다(그림 3 - 26 참조).

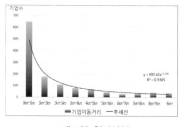
<제조업_첨단산업>

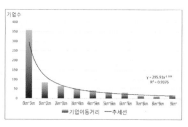
<서비스업_생산자>

[그림 3 -26] 제조업(첨단산업), 서비스업(생산자) 기업이동 거리와 기업 빈도수

---

34) 첨단산업 제조업은 기존 제조업 산업단지인 안산과 인천, 부천 지역으로 다수 이동하였을 뿐만 아니라 서울의 구로, 안양시 지역으로의 이동도 매우 활발한 것을 알 수 있다. 이는 같은 제조업에서 도시형 산업으로 구분되어 입지할 수 있음을 확인할 수 있다.

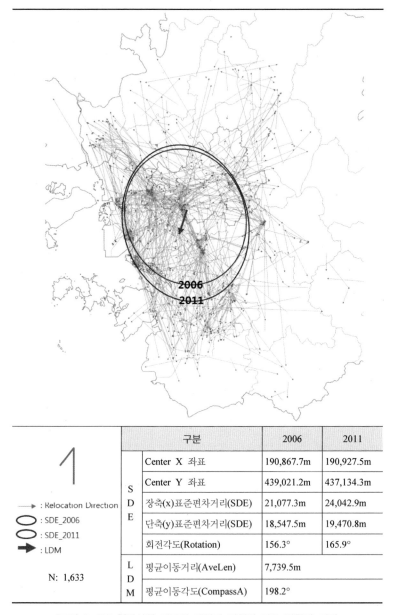

		구분	2006	2011
		Center X 좌표	190,867.7m	190,927.5m
	S	Center Y 좌표	439,021.2m	437,134.3m
⟶ : Relocation Direction	D	장축(x)표준편차거리(SDE)	21,077.3m	24,042.9m
⬭ : SDE_2006	E	단축(y)표준편차거리(SDE)	18,547.5m	19,470.8m
⬭ : SDE_2011		회전각도(Rotation)	156.3°	165.9°
➤ : LDM	L	평균이동거리(AveLen)	7,739.5m	
N: 1,633	D			
	M	평균이동각도(CompassA)	198.2°	

[그림 3-27] 첨단산업 제조업 재입지 기업의 이동 방향과 거리

(5) 생산자 서비스업

생산자 서비스업의 총 이동 기업수는 1,160개 기업으로 전체 재입지 기업 중 10.2%였으며, 지역적으로 서울에서의 기업이동이 매우 활발하였다. 서울 중에서도 강남구에서의 기업이동 빈도가 매우 높았다. 수도권에서는 서울과 근접한 지역에서 일부 기업이 이동하였다. 이는 서울 근교에 있는 기업들이 서울로 집중되고, 서울에 입지하였던 일부 기업들이 장거리로 이동하였다. 평균기업이동거리는 4,833.9m로 전체 기업 평균(6,835m)보다 약 2.0km 짧은 거리로 이동하였으며, 평균 이동방향은 남서쪽 방향인 207.2° 방향으로 이동하였다(그림 3-28 참조).[35]

기업이동 거리에 대한 기업빈도는 1km 이하로 이동한 기업이 607개로 52.3%의 높은 빈도수를 나타냈으며, 이후 급격히 감소하여 10.9%, 6.8%, 4.5%였다(그림 3-26 참조).

(6) 소비자 서비스업

소비자 서비스업의 총 이동 기업수는 3,326개 기업으로 전체 재입지 기업 중 33.4%의 높은 비중이었으며, 지역적으로 서비스업(생산자)과 마찬가지로 서울을 중심으로 매우 활발한 기업의 이동이 이루어졌다. 서울 이외 지역에서는 안양과 성남시에서의 이동이 활발하였다.

---

35) 생산자 중심의 서비스업은 서울 내부에서의 이동이 매우 활발하게 나타났다. 생산자 서비스업은 컴퓨터, 정보, 금융, 보험 등 고차 서비스업에 해당하는 산업으로 높은 부가가치를 창출하기 때문에 상대적으로 높은 지대를 지불해야 하는 서울 도심에서 입지할 수 있음을 알 수 있다. 이는 앞서 검토한 알론소(1964)의 입지지대 이론과 동일한 이동 결과로 볼 수 있다.

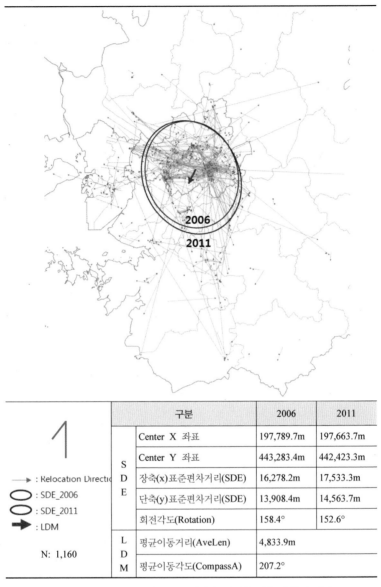

	구분	2006	2011
	Center X 좌표	197,789.7m	197,663.7m
	Center Y 좌표	443,283.4m	442,423.3m
S D E	장축(x)표준편차거리(SDE)	16,278.2m	17,533.3m
	단축(y)표준편차거리(SDE)	13,908.4m	14,563.7m
	회전각도(Rotation)	158.4°	152.6°
L D M	평균이동거리(AveLen)	4,833.9m	
	평균이동각도(CompassA)	207.2°	

↑

→ : Relocation Directic
◯ : SDE_2006
◯ : SDE_2011
➤ : LDM

N: 1,160

[그림 3-28] 생산자 서비스업 재입지 기업의 이동 방향과 거리

그 외 서울과 근접한 지역과의 기업 이동이 산발적으로 활발하였다. 표준편차타원체의 중심점은 2006년에서 2011년 사이 X축은 거의 변화가 없었다. Y축이 남쪽으로 약 1,200m 이동하였으며, X축의 표준편차거리는 약 2,200m 증가하고 Y축도 2,400m 증가하여 전체적으로 남쪽 지역으로 확산되었다. 평균기업이동거리는 5,885.8m로 전체 기업 평균(6,835m)보다 약 1.0km 짧게 이동하였으며, 평균 이동방향은 남쪽에 치우친 남서쪽 방향의 200.1° 방향으로 이동하였다(그림 3-30 참조).[36]

기업이동 거리에 대한 기업빈도수는 평균 기업이동거리가 높았던 이유로 이동거리에 대한 기업의 빈도수의 감소폭이 전체 기업보다 완만하였다. 1km 이하로 이동한 기업이 1,592개로 47.9%였으며, 이후 9.9%, 6.6%, 4.5% 순서로 감소하였다(그림 3-29 참조).

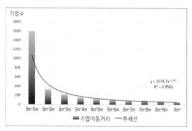
<서비스업_소비자>

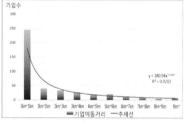
<서비스업_유통>

[그림 3-29] 서비스업(소비자, 유통) 기업이동 거리와 기업 빈도수

---

36) 판매, 음식, 도소매를 중심으로 하는 소비자 중심의 서비스업은 소비 수요가 상대적으로 높은 서울과 인접 도시들에서의 이동이 매우 활발한 것을 알 수 있다. 이는 서울에만 집중되어 있던 생산자 서비스업과 구분되는 분석결과로 볼 수 있다.

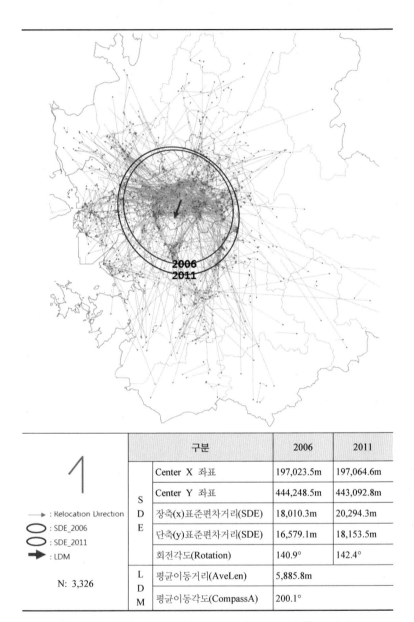

	구분		2006	2011
	Center X 좌표		197,023.5m	197,064.6m
S D E	Center Y 좌표		444,248.5m	443,092.8m
	장축(x)표준편차거리(SDE)		18,010.3m	20,294.3m
	단축(y)표준편차거리(SDE)		16,579.1m	18,153.5m
	회전각도(Rotation)		140.9°	142.4°
L D M	평균이동거리(AveLen)		5,885.8m	
	평균이동각도(CompassA)		200.1°	

→ : Relocation Direction
◯ : SDE_2006
◯ : SDE_2011
➤ : LDM

N: 3,326

[그림 3-30] 소비자 서비스업 재입지 기업의 이동 방향과 거리

(7) 유통 서비스업

유통 서비스업의 총 이동 기업수는 469개 기업으로 전체 재입지 기업 중 5.0%였으며, 지역적으로 서울의 3핵인 강남과 중구, 영등포 지역에서의 기업이동이 활발하였다. 서울 이외 지역에서는 인천항 주변지역으로의 이동이 활발했으며, 그 외 수도권 지역에서는 매우 산발적으로 기업이동이 이동하였다. 표준편차타원체의 중심점은 2006년에서 2011년 사이 X축이 서쪽으로 약 600m, Y축이 남쪽으로 약 100m 이동하였으며, X축의 표준편차거리는 약 300m 증가하고 Y축도 2,100m 증가하여 전체적으로 확산되어 있는 전체적으로 서쪽 방향으로 다소 확산된 패턴이었다. 평균기업이동거리는 7,047.5m로 전체 기업 평균(6,835m)과 비슷하게 나타났다. 평균 이동방향은 서쪽 방향인 248.8° 방향으로 이동하였다(그림 3－31 참조).[37]

기업이동 거리에 대한 기업빈도수는 1km 이하로 이동한 기업이 245개로 49.4%를 나타냈으며, 이후 감소하여 8.1%, 6.9%, 5.4% 순서였다(그림 3－29 참조).

(8) 건설업, 환경정화업

건설업의 총 이동 기업수는 890개 기업으로 전체 재입지 기업 중 8.9%였으며, 지역적으로 서울과 인천에서 활발하게 기업이 이동하였다. 경기 남부지역에서 안양과 성남시, 수원시에서 주로 이동하였다. 그 외 수도권지역에서는 산발적으로 개별적인 기업의 이동이 이루어졌다.

---

[37] 운송, 창고 중심의 유통 서비스업은 서울의 강남과 영등포, 중구를 중심으로 이동이 활발하였으며, 수도권 지역에서는 매우 산발적으로 이동하였다.

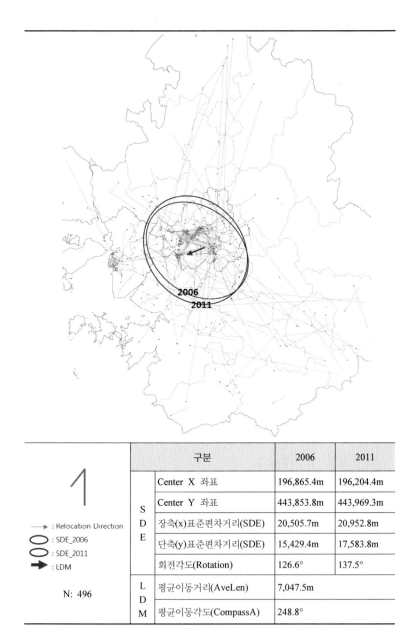

		구분	2006	2011
		Center X 좌표	196,865.4m	196,204.4m
	S	Center Y 좌표	443,853.8m	443,969.3m
	D	장축(x)표준편차거리(SDE)	20,505.7m	20,952.8m
	E	단축(y)표준편차거리(SDE)	15,429.4m	17,583.8m
		회전각도(Rotation)	126.6°	137.5°
	L	평균이동거리(AveLen)	7,047.5m	
	D			
	M	평균이동각도(CompassA)	248.8°	

→ : Relocation Direction
◯ : SDE_2006
◯ : SDE_2011
➡ : LDM

N: 496

[그림 3-31] 유통 서비스업 재입지 기업의 이동 방향과 거리

표준편차타원체의 중심점은 2006년에서 2011년 사이 X축이 동쪽으로 약 80m, Y축이 남쪽으로 약 1,000m 이동하였으며, X축의 표준편차거리는 약 1,900m 증가하고 Y축도 1,000m 증가하여 전체적으로 다소 남쪽에 치우쳐 확산되는 패턴이었다. 평균기업이동거리는 7,731m로 전체 기업 평균(6,835m)보다 약 0.9km 길었으며, 평균 이동방향은 남쪽 방향인 169.3° 방향으로 주로 이동하였다(그림 3-33 참조).

기업이동 거리에 대한 기업빈도는 1km 이하로 이동한 기업이 358개로 40.2%였으며, 이후 다른 산업유형과 마찬가지로 급격히 감소하여 9.4%, 7.3%, 5.6% 순서였다(그림 3-32 참조).

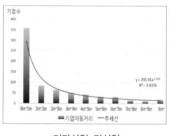
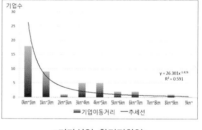

| <기타산업_건설업> | <기타산업_환경정화업> |

[그림 3-32] 기타산업(건설업, 환경정화업) 기업이동 거리와 기업 빈도수

환경정화업의 총 이동 기업수는 49개 기업으로 전체 재입지 기업 중 0.5%인 매우 낮았으며, 지역적인 특징 없이 산발적으로 이동하였다(그림 3-34 참조). 또한 대부분의 이동 기업이 동일한 지자체 지역 안에서 내부적으로 이동하였다. 이동기업에 대한 표본수가 낮아 표준편차타원체와 평균이동방향에 대한 분석과 이동거리별 기업 빈도수에 대한 해석이 무의미하다(그림 3-32 참조).

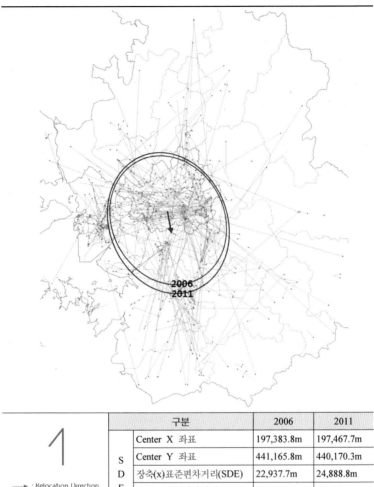

		구분	2006	2011
	S D E	Center X 좌표	197,383.8m	197,467.7m
		Center Y 좌표	441,165.8m	440,170.3m
		장축(x)표준편차거리(SDE)	22,937.7m	24,888.8m
		단축(y)표준편차거리(SDE)	19,720.4m	20,738.2m
		회전각도(Rotation)	149.1°	155.5°
	L D M	평균이동거리(AveLen)	7,731m	
		평균이동각도(CompassA)	169.3°	

→ : Relocation Direction
◯ : SDE_2006
◯ : SDE_2011
➡ : LDM

N: 890

[그림 3-33] 건설업 재입지 기업의 이동 방향과 거리

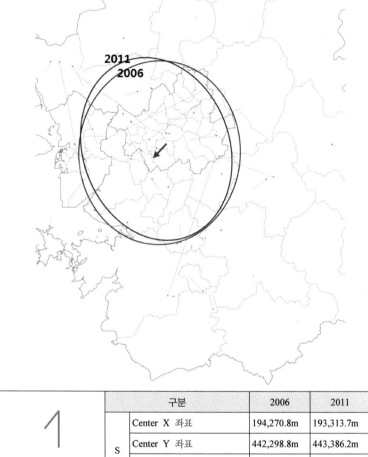

	구분		2006	2011
	Center X 좌표		194,270.8m	193,313.7m
	Center Y 좌표		442,298.8m	443,386.2m
S D E	장축(x)표준편차거리(SDE)		23,438.8m	26,316.9m
	단축(y)표준편차거리(SDE)		25,929.3m	21,287.8m
	회전각도(Rotation)		3.3°	159.3°
L D M	평균이동거리(AveLen)		5,530.3m	
	평균이동각도(CompassA)		224.0°	

----→ : Relocation Direction
⬭ : SDE_2006
⬭ : SDE_2011
➡ : LDM

N: 49

[그림 3 –34] 환경정화업 재입지 기업의 이동 방향과 거리

3) 기업 규모 및 연령별 이동 특성

입지를 변경한 기업들의 고용자수 규모와 기업 연령을 기준으로 이동 거리 및 빈도를 분석하였다. 고용자수 규모의 구분은 통계청 집계 데이터의 구분 기준을 동일하게 적용하였다.

분석 결과, 고용자수 규모가 1~300명 미만까지는 평균이동거리가 점차 증가했다가 감소하는 형태이며, 300~500명 미만에서 이동거리가 급격히 감소하였다. 이후 평균이동거리는 급격히 증가하였다. 평균이동거리와 함께 이동 기업의 빈도를 비교하면, 1~4명의 고용규모를 갖는 기업들의 이동빈도가 39%로 가장 높았으며, 이후 21%, 15%, 9%로 감소하여 50~100명 미만에서부터 급격히 감소하고 이후 거의 이동하지 않았다(그림 3 – 35 참조).

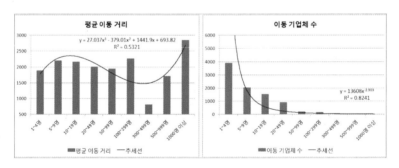

[그림 3 – 35] 고용 규모별 이동 거리 및 빈도

기업의 설립연도에 따른 연령별 평균이동거리 및 이동 빈도를 분석하면, 1년 이하의 신생 기업의 경우 평균이동거리가 2.8km로 매우 높고, 3년 이하에서 급격히 감소하였다가 5년 이하에서 증가한 후 점차 감소하였다. 빈도를 비교해서 분석하면, 1년 이하의 기업의 이동은 매우 낮고, 10~20년 사이의 기업의 이동 빈도가 각각 25%, 37%, 18%로 전체 중 80%인 매우 높았다. 이후 점차 이동 빈도가 낮아졌다(그림 3-36, 37 참조).[38]

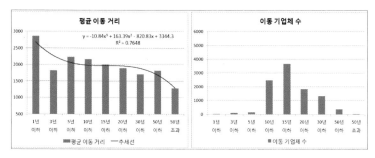

[그림 3-36] 기업 연령별 이동 거리 및 빈도

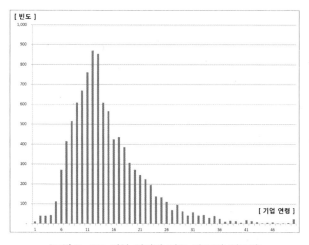

[그림 3-37] 기업 연령별 이동 빈도(각 연도별)

---

38) [그림 3-37]은 [그림 3-13]에서 기업의 연령에 따른 휴폐업 사업체의 발생 빈도와 마찬가지로 연령에 따른 이동 빈도가 무분별하게 나타나지 않고, 12년까지 급격히 증가하였다가 점차 감소하는 포아송 분포 형태로 나타났다. 이는 통계적인 함수 형태로 모델에서의 활용 가능성을 제시한다고 할 수 있다.

이상에서와 같이 기업의 고용규모와 연령에 따라 이동 빈도가 다르게 나타남을 모델에 적용하였다. 기업의 고용규모가 작을수록 기업의 이동 빈도는 매우 높고 커질수록 매우 낮아지며, 마찬가지로 기업의 연령에 따라서 급격히 증가하였다가 감소하는 형태로 도출되었다. 이와 같은 형태의 특성을 함수식으로 구축하여 모델에 적용하고자 하였다.

또한 기업이 이동하여 재입지를 선택함에 있어서 이동 거리에 대한 감쇄가 있음을 확인하였다. 이는 기업이 이동함에 있어서 거리감쇄 함수가 적용되는 것으로 매우 높은 입지효용을 갖는 지역이 기존 입지 지역보다 원거리에 있으며, 재입지 지역으로 선택할 확률이 매우 낮아지는 것을 의미한다. 이와 같은 기업의 이동에 대한 거리감쇄영향은 국외 기업입지 모델(ILUMASS)에서도 실증분석을 통해 적용하고 있는 부분으로, 본 연구에서도 이를 모델에 적용하였다.

제4절 소결

수도권 소재 기업의 통계변화 분석 결과는 외부영향 요인인 지역내총생산(GRDP)과 산업유형별 구조변화가 기업수와 고용자수 변화에 미치는 영향과, 기업의 고용규모와 연령이 기업의 신규 설립과 휴폐업에 어떠한 영향을 나타나는가를 중심으로 분석하였다. 이는 국내 기업의 다양한 통계적 특성을 모델에 반영하기 위한 것으로 분석 결과는 다음과 같다.

첫째, 기업의 통계변화에 영향을 미치는 외생변수로 지역내총생산(GRDP) 변수와 산업유형 간의 구조변화 변수를 선정하여 모델에 반영하였다. 수도권에서 두 변수가 기업수와 고용자수 증감에 대한 영향에 대해 상관관계 분석에서 유의미하게 나타났으며, 이는 국외 기업입지모델에서도 외생변수로 두 변수를 사용하는 것과 일치하는 결과로, 국내에서도 동일하게 적용시킬 수 있음을 확인하였다.

둘째, 기업의 고용규모와 연령에 따라 기업의 신규 설립과 휴폐업에 대해 차등적인 확률계수를 모델에 적용하였다. 기업의 고용자수 규모에 따라 신규 및 휴폐업 기업의 발생 확률이 다르게 나타나고, 마찬가지로 기업의 연령에 따라서 휴폐업하는 기업의 빈도 역시 다르게 나타났다. 특히, 기업의 고용규모와 연령에 따른 빈도가 각각 개별적이지 않고 지수 또는 포아송 형태의 통계적인 함수인 것은 모델에서의 적용 가능성을 제시하는 것이라 할 수 있다. 또한 국외 모델에서 반영하지 못한 부분으로 본 연구가 갖는 차별성이라 할 수 있다.

다음으로, 수도권 기업의 입지변화 분석은 기업이 이동하여 선택하는 지역의 유의미한 입지요인 분석과 기업의 고용규모와 연령에 따라 이동 빈도 및 거리를 분석하여 국내 기업의 다양한 이동 특성을 모델에 반영하기 위한 것으로 분석 결과는 다음과 같다. 첫째, 산업 유형별로 기업의 이동에 따른 입지요인분석 결과 각 산업유형별로 유의미한 요인과 계수가 도출됐으며 이를 모델에 적용하였다. 기존 선행연구에서 검토된 입지선택요인들을 참고하여 본 연구에서는, 5개 부문, 16개의 재입지 요인변수를 구축하였다. 또한 각 산업유형별로 유의미한 입지요인과 입지계수를 도출하였다.

둘째, 기업의 고용규모와 연령에 따라 이동 빈도가 다르게 나타남을 모델에 적용하였다. 기업의 고용규모가 작을수록 기업의 이동 빈도는 매우 높고 커질수록 매우 낮아지며, 마찬가지로 기업의 연령에 따라서 급격히 증가하였다가 감소하는 형태로 도출되었다. 이와 같은 형태의 특성을 함수식으로 구축하여 모델에 적용하고자 하였다.

셋째, 기업의 이동하여 재입지를 선택함에 있어서 이동 거리에 대한 감쇄효용을 모델에 반영하였다. 이는 기업이 이동함에 있어서 거리감쇄 함수가 적용되는 것으로 매우 높은 입지효용을 갖는 지역이 기존 입지 지역보다 원거리에 있으며, 재입지 지역으로 선택할 확률이 매우 낮아지는 것을 의미한다. 이와 같은 기업의 이동에 대한 거리감쇄영향은 국외 기업입지 모델(ILUMASS)에서도 실증분석을 통해 적용하고 있는 부분이며, 본 연구에서도 실증분석으로 증명된바 모델에 적용할 수 있었다.

이상에서의 분석 내용을 요약하면 [그림 3-38]과 같다.

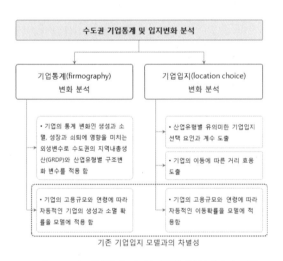

[그림 3-38] 기업통계 및 입지변화 분석결과의 활용

제3장

수도권 기업입지
모델 구축

제1절 수도권 기업입지모델의 구성과 과정

1. 모델의 구성

본 연구에서 구축한 수도권의 기업입지 모델의 구조는 크게 기업
통계모델(Firmography model)과 기업이동모델(Location model)의 세
부모형으로 구성되며, 각 세부모형마다 2개씩의 하위모델을 포함하
여 총 4개의 하위모델이 포함된 구조로 구축하였다.[39] 기업통계모델
(Firmography model)은 기업의 통계 변화를 비공간적으로 시뮬레이
션하는 모델로, 기업의 성장과 쇠퇴, 생성과 소멸의 하위 모형을 포
함한다. 기업입지모델(Firm Location model)은 기업의 입지를 결정하
는 공간적인 시뮬레이션으로 기업의 이동확률과 입지선택의 하위

---

39) 이와 같은 모델 구조는 외국 모델에서도 활용되고 있다. ILUMASS 모델에서는 기업통
계모형과 재입지모형으로 구분하고 있으며, DELTA 모델에서는 변화/성장 모형과 이동
모형으로 구분하여 시뮬레이션하고 있다. 본 연구에서도 이를 참고하여 기업통계모델
과 기업입지모델로 구분하여 모델을 구축하였다.

모형을 포함한다(그림 4 - 1 참조).

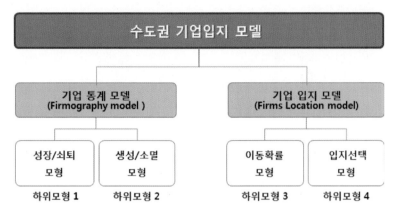

[그림 4 - 1] 모델의 구성과 하위모델

2. 모델의 세부구성과 과정

장기 기업입지 예측 모델의 세부 구성과 진행 과정은 [그림 4 - 2]
와 같다. 모델의 진행 과정은 외부영향요인인 GRDP와 산업구조변
화를 기준으로 비공간적인 시뮬레이션인 기업통계모델을 진행한다.
기업통계모델은 성장과 쇠퇴, 생성과 소멸의 하위 모델로 구성되며,
총량적인 기업의 수와 고용자수의 규모가 변화하는 과정이다. 비공
간적인 시뮬레이션 후 공간적인 시뮬레이션인 기업입지모델의 단계
로 연결되며, 기업입지모델에서는 기업의 이동 확률과 이동 기업의
입지선택 모형의 단계로 구분되어 진행된다. 기업의 이동확률 모형
은 매년 기업이 이동할 확률을 기반으로 각 존별 이동기업이 도출되
고, 이동이 결정된 기업은 기업의 입지선택모형으로 전달되어 다양

한 존별 입지계수와 존간 네트워크 접근 시간에 대해 총 입지 효용을 기반으로, 이동기업이 재입지를 결정한다.

존별 이동 기업의 입지선택을 끝으로 t시점의 모델분석은 끝나며, 각 존별 기업수 및 고용자수 데이터를 토지이용－교통 통합모델과 연동하여 변화된 존별 인구 및 고용자수 데이터를 t＋1연도 입지선택모형의 입지계수에 반영하는 구조를 갖는다. 또한, 토지이용－교통모델을 활용하여 산출된, 각 존의 네트워크 접근 시간은 입지선택모형의 거리효용함수에 반영된다(그림 4－2 참조).[40]

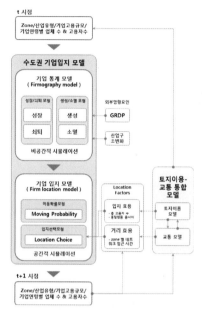

[그림 4－2] 수도권 기업입지모델의 전체 구조와 과정

---

40) 본 연구에서 개발한 기업입지모델과 연동되는 토지이용－교통 통합모델은 특정 모델로 규정지지는 않았으나, 본 연구에서는 DELTA 모델을 이용하여 해당 모듈의 함수식으로 산출된 초기값을 적용하였다. 또한 교통모델도 OmniTRANS를 이용하여 초기 존간 네트워크 접근 시간을 도출하였다.

제2절 기업통계모델(firmography model)의 구축

기업통계모델은 기업의 통계적인 변화를 비공간적으로 시뮬레이션하는 모형으로 기업의 성장/쇠퇴 하위모델과 생성/소멸 하위모델로 구성된다(그림 4-2 참조). 기업의 통계 변화는 기업이 성장하거나 쇠퇴할 확률, 생성 및 소멸 기업수 도출 확률을 도출하기 위한 것으로 기업의 성장과 쇠퇴는 최우추정법(Maximum likelihood)을 활용하여 수도권의 GRDP 변화에 따른 기업 고용규모 변화의 확률밀도함수를 도출하여 활용하였다. 기업의 생성 및 소멸 기업수는 수도권의 GRDP 변화와 산업유형별 구조변화의 추세변화를 활용하여 선형회귀모델을 구축하였다.

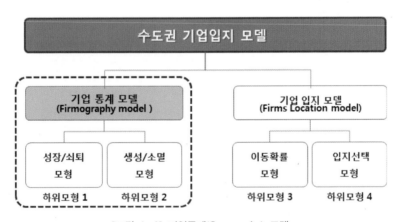

[그림 4-3] 기업통계(firmography) 모델

1. 기업 성장/쇠퇴 모형(growth & decline module)

이 연구에서 기업의 성장과 쇠퇴는 외부영향요인 중 수도권의 GRDP 변화에 영향을 받는 선형 회귀방정식으로 구축하였으며 [식 4-1]과 같다.[41] 1995년부터 2010년까지 15년간의 수도권 GRDP변화와 각 산업 유형별 고용자수 변화 자료를 활용하여 β_0, β_1 계수값을 산출하였다. 산업유형은 구득 자료의 한계로 1차 산업과 제조업, 서비스업, 건설업으로 구분하여 분석하였다.

$$\Delta E_k = \beta_0 + \beta_1 \cdot \Delta x_k -------------[식 \ 4-1]$$

   ΔE_k : k산업 고용자수 변화율

   Δx_k : k산업 수도권 GRDP변화율

   β_0, β_1 : 계수

전체산업과 각 산업유형별 도출된 계수에서 전체산업은 R값이 0.679이고 유의하지만 1차 산업은 R값이 0.087로 매우 낮고, 계수도 유의미하지 않았다. 제조업과 서비스업은 R값이 0.57, 0.70로 높고 유의미하였으나, 건설업의 경우 0.34의 R값과 계수가 유의미하지 않았다(표 4-1 참조).

---

41) 앞서 검토한 ILUMASS 모델에서도 동일한 외부영향 변수를 이용하여 기업의 고용자수 성장과 쇠퇴를 시뮬레이션하고 있으며, 본 연구도 이를 활용하여 구축하였다.

[표 4-1] 산업유형별 GRDP변화와 고용자수 변화 선형회귀함수분석 결과

산업유형	Δx	μ	δ	R	β_0	β_1	sig. ***:99%
전체산업	.21	.21	2.182	.679	.056	.706	***
제조업	.26	.18	1.278	.570	.076	.397	***
건설업	2.24	.27	3.576	.343	.069	.091	−
서비스업	.14	.17	1.780	.700	.041	.906	***

산업 전체와 각 산업유형별로 선형회귀함수의 설명력이 낮고, 유의미하지 않은 것은, GRDP의 성장으로 모든 기업의 규모가 성장하는 것이 아니라, 보다 확률적으로 많은 기업의 규모가 성장하기 때문이다. [그림 4-4]는 2006년에서 2011년까지 수도권 소재 기업 중 신규 및 소멸 기업들을 제외한 30,742개의 기업들의 고용자수 변화 빈도를 나타내고 있다. GRDP가 증가하였지만, 9,652개의 기업은 고용자수 규모의 변화가 없었다. 그 외 −10명에서 +10명 사이의 분포 빈도가 높고 그래프 모양이 정규분포의 모양과 유사함을 알 수 있다.

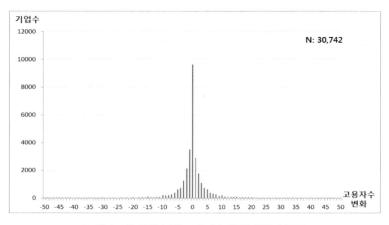

[그림 4-4] 산업 전체 고용자수 변화 빈도 분포도

전체 산업뿐만 아니라, 주요 산업유형인 제조업과 환경정화업, 건설업, 서비스업에 있어서도 고용자수 변화 분포 빈도가 모두 유사한 종 모양의 정규분포 형태를 나타내고 있다(그림 4−5 참조).

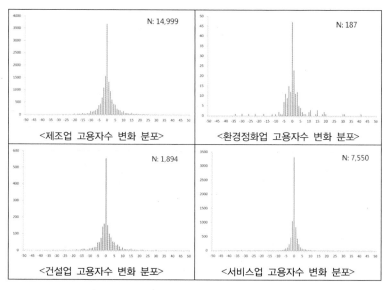

[그림 4−5] 산업유형별 기업 고용자수 변화 빈도 분포

이와 같이, 기업의 고용자수 변화 분포 빈도수가 종형의 정규분포 한다는 것을 가정으로, 기업의 고용자수 변화 빈도에 대한 확률을 정규분포의 형태로 표현하면, [식 4−2]와 같이 표현할 수 있다.

$$f(k) = \frac{1}{\sqrt{2\pi\delta^2}} e^{\left(\frac{-(k-\mu)^2}{\delta^2}\right)} - - - - - - - - - - - [식 \ 4-2]$$

k : k산업 기업별 고용자수 변화

μ : 평균 고용자수 변화

δ^2 : 분산

또한, 개별 기업의 고용자수 변화 k가 상호 독립이면, n개의 개별적 확률밀도함수의 곱으로 쓸 수 있으며, 이를 식으로 표현하면 [식 4-3]과 같다.[42)]

$$f(k_1, k_2, \cdots k_n | \beta_1 + \beta_2 X_i, \delta^2)$$
$$= f(k_1 | \beta_1 + \beta_2 X_i, \delta^2) f(k_2 | \beta_1 + \beta_2 X_i, \delta^2) \cdots f(k_n | \beta_1 + \beta_2 X_i, \delta^2)$$
$$-[식\ 4-3]$$

따라서,

$$f(k_i) = \frac{1}{\sqrt{2\pi\delta^2}} e^{\left(\frac{-(k_i - \beta_1 - \beta_2 X_i)^2}{\delta^2} \right)} - - - - - - - - [식\ 4-4]$$

표현될 수 있으며, 여기에 [식 4-3], [식 4-4]를 활용하여, 평균과 분산이 위와 같이 주어졌을 때의 정규분포를 따르는 확률변수의 밀도함수인 [식 4-5]를 얻을 수 있다.

$$f(k_1, k_2, \cdots k_n | \beta_1 + \beta_2 \Delta x_i, \delta^2) \qquad - - -[식\ 4-5]$$
$$= f(k_i) = \frac{1}{\sqrt{2\pi\delta^2}} e^{\left(\frac{-(k_i - \beta_1 - \beta_2 \Delta x_i)^2}{\delta^2} \right)}$$

---

42) 박완규 외, 2000, 기초계량경제학, 제3판, 진영사, 서울시, 124쪽.

여기서 $k_1, k_2, \cdots k_n$이 알려져 있거나 주어져 있는데 $\beta_1, \beta_2, \delta^2$이 미지의 상수일 때, [식 4-5]를 우도함수(likelihood function)라 부르며, 최우추정법이란 주어진 k값들을 관측할 확률을 최대로 하게 하는 모수를 추정하는 방법이다.[43] [식 4-5]에 대입하여 전체산업 유형별 기업들의 GRDP변화에 따른 기업규모변화에 대해 추정된 확률밀도함수를 그래프로 표현하면, [그림 4-6]과 같다. 이때, 수도권 GRDP변화인 Δx의 수치를 +1.5, +2.5, -1.5, -2.5의 값으로 임의로 부여하였을 때, 각각의 μ와 δ값과 확률밀도함수의 그래프 형태가 다르게 나타나는 것을 확인할 수 있다.

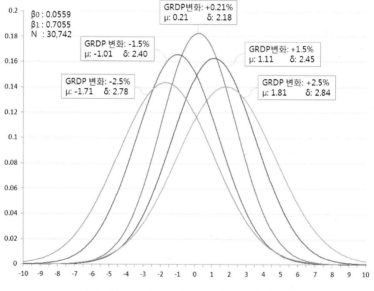

[그림 4-6] 전체 기업의 고용자수 변화율과 최대우도

---

43) 위의 책, 125쪽.

이와 같은, GRDP 변화에 따라 영향을 받는 기업의 고용자수 규모 변화 확률은 장기적인 관점에서 GRDP의 변화를 시나리오로 작성하고, 이를 기반으로 예측되는 기업의 규모변화를 시뮬레이션할 때 활용할 수 있다. 동일한 방법으로 자료 구득이 가능한 주요 산업 유형인 1차 산업과, 제조업, 건설업, 서비스업의 최대우도함수를 추정하여 그래프로 표현하면 [그림 4-7]과 같다.

1차 산업은 최대우도함수의 그래프의 표준편차가 작고, GRDP의 변화에 대한 고용규모의 변화확률이 매우 유사하게 나타났다. 반면, 건설업의 경우 표준편차가 매우 크고, GRDP변화에 대한 그래프는 큰 차이가 없었다. 제조업과 서비스업의 경우 전체 산업의 형태와 유사하였다.

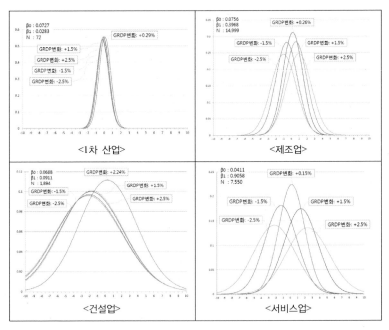

[그림 4-7] 산업유형별 고용자수 변화에 대한 확률밀도함수 그래프

2. 기업 생성/소멸 모형(birth & closure module)

2장 2절의 [그림 2 - 19]에서 국외 모델에서 활용하고 있는 외부 영향 변수를 수도권 상황과의 적용 여부를 분석한 뒤 본 모델에서도 동일하게 사용하였다. 외부영향 요인인 두 변수는 GRDP변화와 산업구조변화이며 이를 기업의 생성과 소멸을 구분하여 각각 일차 선형 회귀함수식으로 표현하면, [식 4 - 6], [식 4 - 7]과 같다. 이때, 산업 유형별 산업구조변화(ΔS_k) 변수는 전체 산업체에서 k산업이 점유하는 기업수 비율로 산정하였다.

$$F_{k, birth} = \beta_0 + \beta_1 \cdot \Delta G + \beta_2 \cdot \Delta S_k - - - - - - - [식\ 4 - 6]$$

$$F_{k, closure} = \beta_0 + \beta_1 \cdot \Delta G + \beta_2 \cdot \Delta S_k - - - - - - - [식\ 4 - 7]$$

$F_{k, closure}$　　：소멸 기업수

$F_{k, birth}$　　：생성 기업수

ΔG　　：수도권 GRDP변화

ΔS_k　　：k산업 유형의 산업구조변화

$\beta_0, \beta_1, \beta_2$　　：생성 또는 소멸기업 계수

두 외부요인 중 어느 요인으로부터 더 높은 영향을 받을 것인가는 산업 유형별로 다르게 나타날 수 있다.[44] 따라서 두 요인이 기업의

---

[44] ILUMASS 모델에서는 두 외부 영향요인으로부터 영향력의 비율을 25:75로 설정하고 있으며, 이는 조정이 가능한 것으로 설명하고 있다(그림 2 - 19 참조). 본 연구에서는 국내 상황에 맞는 비율을 찾고자 가중치 분석을 하였다.

생성과 소멸 수에 미치는 영향의 가중치를 콥−더글라스 함수를 활용하여 각각 표현하면, [식 4−8]과 같다.

$$\begin{cases} F_{birth} \\ F_{closure} \end{cases} = \Delta G^{\alpha} \cdot \Delta S_k^{\beta} \text{−−−−−−−−−−−−−[식 4−8]}$$
$$단, \alpha + \beta = 1$$

α : ΔG 가중치

β : ΔS_k 가중치

수도권의 산업유형별 신규 및 소멸 기업수 데이터(2004~2009)를 이용하여, [식 4−8]의 양변에 자연로그(ln)을 취해 1차 선형 회귀함수로 분석하였다. 분석 결과로 각 α, β값을 산정하되, 계수가 유의미하지 않을 경우 가중치는 각각 동일하게 0.5를 부여하였다(표 4−2 참조). 산업의 유형은 데이터가 가용한 주요 산업인 제조업과 1차 산업, 건설업, 서비스업을 분석하였다.

[표 4−2] 산업유형별 생성 및 소멸 기업수에 대한 가중치 분석 결과

구분	산업유형	α	β	sig.	구분	산업유형	α	β	sig.
생성	제조업	0.1	0.9	***	소멸	제조업	0.5	0.5	−
	1차 산업	0.3	0.7	***		1차 산업	0.8	0.2	***
	건설업	0.5	0.5	−		건설업	0.5	0.5	−
	서비스업	0.1	0.9	***		서비스업	0.1	0.9	***

***: 0.01

산출된 각 산업 유형별 생성 및 소멸 기업에 대한 GRDP 변화와 구조변화 영향 가중치를 반영하여 [식 4−6], [식 4−7]의 선형회귀함수

의 계수를 도출하면, [표 4-3]과 같다. 모형의 설명력을 나타내는 R 값의 수치는 높으나, 모델의 유의확률은 생성의 제조업과, 소멸의 서비스업을 제외하고는 유의하지 않게 나타났다. 이는 회귀분석의 기간이 짧아 나타나는 것으로, 추후 추가적인 자료 구축 후 보완이 필요하다.

[표 4-3] 산업유형별 생성 및 소멸 기업수 선형회귀분석 결과

구분	산업 유형	R	β_0	β_1	β_2	sig.
생성	제조업	0.913	− 83,101.6	184,089.1	1,101,537.7	**
	건설업	0.518	38,662,5	− 47,636,9	− 1,935,534.8	−
	서비스업	0.918	4,165,135.4	− 2,993,366.9	− 5,003.408.1	−
소멸	제조업	0.847	− 25,002.1	− 42,094.2	930,939.9	−
	건설업	0.529	27,673.5	− 35,992.8	− 1,218,653.5	−
	서비스업	0.894	4,152,061.5	− 4,397,898.4	− 4,989,306.2	**

**: 0.05

구축된 기업의 생성과 소멸 기업수 추정 선형 모델을 이용해서 장기적인 변화를 시뮬레이션하기 위해서는 수도권의 GRDP변화와 구조변화에 대한 미래의 가정을 필요로 한다.

이 연구에서는 수도권의 산업 유형별 GRDP변화는 앞서 구축한 기업의 성장/쇠퇴 모형에서 도출된 연평균 GRDP증감률(+0.21%)을 2010년 이후부터는 동일하게 반영하였다. 해당 산업유형의 구조변화는 1981년부터 2010년까지 30년간의 구조변화 추이를 로그와 거듭제곱함수 중 모델 설명력이 높은 함수를 활용하여 추정하였으며, 이를 활용하여 2010년 이후의 산업구조변화를 반영하였다. 주요 4개 산업에 대한 산업구조 점유율 변화 추이 그래프는 [그림 4-8]과 같다.

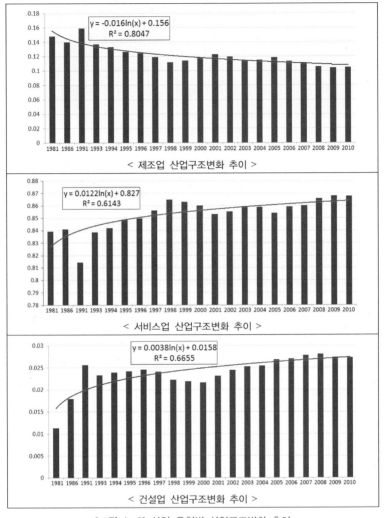

[그림 4-8] 산업 유형별 산업구조변화 추이

    [그림 4-8]의 산업유형별 구조변화추이를 반영하여 2030년의 수도권 산업유형별 구조변화 추이를 추정하면 [표 4-4]와 같다.

[표 4-4] GRDP와 산업유형별 산업구조 점유율 변화(2004~2030)

연도	GR DP변화	⊿GR DP변화 증감률	제조업 점유율	건설업 점유율	서비스업 점유율	비고
2004	4.66%	31.6%	11.5%	2.55%	72.3%	실제
2005	6.14%	23.5%	11.9%	2.69%	72.4%	실제
2006	7.58%	−52.5%	11.3%	2.70%	73.8%	실제
2007	3.60%	17.77%	11.2%	2.78%	75.2%	실제
2008	4.24%	104.7%	10.6%	2.81%	76.7%	실제
2009	8.68%	0.21%	10.4%	2.74%	77.7%	실제
2010	8.70%	0.21%	10.7%	2.74%	86.4%	실제
2011	8.71%	0.21%	10.7%	2.75%	86.5%	추정
2012	8.73%	0.21%	10.6%	2.77%	86.5%	추정
2013	8.75%	0.21%	10.5%	2.79%	86.6%	추정
2014	8.77%	0.21%	10.4%	2.80%	86.6%	추정
2015	8.79%	0.21%	10.4%	2.82%	86.7%	추정
2016	8.81%	0.21%	10.3%	2.83%	86.7%	추정
2017	8.83%	0.21%	10.3%	2.85%	86.8%	추정
2018	8.84%	0.21%	10.2%	2.86%	86.8%	추정
2019	8.86%	0.21%	10.2%	2.87%	86.8%	추정
2020	8.88%	0.21%	10.1%	2.88%	86.9%	추정
2021	8.90%	0.21%	10.1%	2.90%	86.9%	추정
2022	8.92%	0.21%	10.0%	2.91%	87.0%	추정
2023	8.94%	0.21%	10.0%	2.92%	87.0%	추정
2024	8.96%	0.21%	9.9%	2.93%	87.0%	추정
2025	8.98%	0.21%	9.9%	2.94%	87.1%	추정
2026	9.00%	0.21%	9.8%	2.95%	87.1%	추정
2027	9.02%	0.21%	9.8%	2.96%	87.1%	추정
2028	9.03%	0.21%	9.7%	2.97%	87.2%	추정
2029	9.05%	0.21%	9.7%	2.98%	87.2%	추정
2030	9.07%	0.21%	9.7%	2.99%	87.2%	추정

3. 기업통계모델(firmography model) 종합

앞에서 구축한 기업통계 모델의 하위모형인 성장/쇠퇴 및 생성/소멸 모형과 선행연구에서 검토한 Birch(1987)의 Job generation process를 활용하여 표현하면 [그림 4-9]와 같다.

좌측의 [생성] 부문의 왼쪽으로 향하는 화살표와 확률은 신규 기업의 발생할 때 고용자수 규모별로 분배될 확률을 의미한다. 예를 들어 신규 기업의 73.81%가 고용자수 0명의 1인 기업으로 발생하며, 1~4명의 고용자수 규모로는 10.54%의 기업이 발생할 확률을 갖는다. 오른쪽의 [소멸] 부문에서도 마찬가지로 기업이 소멸할 때 각 고용자수 규모별 발생 확률을 의미하는 것으로, 소멸하는 기업 중 0명의 1인 기업이 소멸할 확률은 0.10%이지만, 1~4명의 고용자수 규모에서는 38.59%로 가장 높음을 의미한다.

중앙의 [성장/쇠퇴] 부문에서는 제조업과 서비스업, 건설업으로 구분되어 각 고용 규모별 전이 확률을 의미한다. 각 단계에서의 전이확률은 확률밀도함수의 면적을 산출하여 도출하였으며, 예를 들어 제조업에서 0명의 고용자수 규모의 기업이 1~4명의 고용자수 규모로 성장할 확률은 3.03%이고, 반대로 1~4명의 고용자수 기업이 0명의 기업으로 쇠퇴할 확률은 2.55%로 볼 수 있다.

여기서 각 산업의 성장률은 2006년에서 2011년까지의 성장률을 반영하였다. 여기서 각 산업의 성장률이 변경되면, 각 고용규모의 전이확률이 변경되는 구조를 갖는다. 성장추세가 낮았던 제조업은 대부분의 고용자수 규모에서 성장할 확률이 쇠퇴할 확률보다 근소하게 높은 반면, 성장 폭이 큰 서비스업은 성장확률이 월등히 높고, 쇠퇴하는 건설업은 성장보다 쇠퇴할 확률이 보다 높았다(그림 4~10 참조).

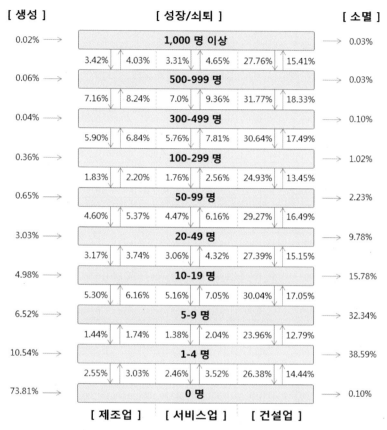

[생성]	[성장/쇠퇴]	[소멸]
0.02% →	1,000 명 이상	→ 0.03%
	3.42% 4.03% 3.31% 4.65% 27.76% 15.41%	
0.06% →	500-999 명	→ 0.03%
	7.16% 8.24% 7.0% 9.36% 31.77% 18.33%	
0.04% →	300-499 명	→ 0.10%
	5.90% 6.84% 5.76% 7.81% 30.64% 17.49%	
0.36% →	100-299 명	→ 1.02%
	1.83% 2.20% 1.76% 2.56% 24.93% 13.45%	
0.65% →	50-99 명	→ 2.23%
	4.60% 5.37% 4.47% 6.16% 29.27% 16.49%	
3.03% →	20-49 명	→ 9.78%
	3.17% 3.74% 3.06% 4.32% 27.39% 15.15%	
4.98% →	10-19 명	→ 15.78%
	5.30% 6.16% 5.16% 7.05% 30.04% 17.05%	
6.52% →	5-9 명	→ 32.34%
	1.44% 1.74% 1.38% 2.04% 23.96% 12.79%	
10.54% →	1-4 명	→ 38.59%
	2.55% 3.03% 2.46% 3.52% 26.38% 14.44%	
73.81% →	0 명	→ 0.10%

[제조업]   [서비스업]   [건설업]

[ΔG: 2006~2011년 평균 GRDP 성장률 제조업(0.26%), 서비스업(0.15%), 건설업(2.24%)씩 증가 반영]

[그림 4-9] 산업유형별 기업통계모형(firmography model)

생성되는 기업의 경우 모든 기업의 연령이 1년으로 시작하기 때문에 기업연령별 분배(distribution)의 과정을 필요로 하지 않는다. 그러나, 소멸 기업은 제3장의 [그림 3-12]와 같이 기업의 연령에 따라 휴·폐업할 위험률이 서로 다르게 나타난다. 따라서 기업의 고용규모와 기업 연령을 교차하여, 확률을 분배(distribution)하면 [표 4-5]와 같다.

[표 4-5] 소멸기업의 고용규모 및 기업연령별 확률 분배

단위: %

연령 \ 규모		0명	1~4명	5~9명	10~19	20~49	50~99	100~299	300~499	500~999	1000↑
		0.001	0.3859	0.3234	0.1578	0.0978	0.0223	0.0102	0.001	0.0003	0.0003
1	0.033	0.0000	0.0126	0.0105	0.0051	0.0032	0.0007	0.0003	0.0000	0.0000	0.0000
2	0.076	0.0001	0.0295	0.0247	0.0121	0.0075	0.0017	0.0008	0.0001	0.0000	0.0000
3	0.100	0.0001	0.0386	0.0324	0.0158	0.0098	0.0022	0.0010	0.0001	0.0000	0.0000
4	0.121	0.0001	0.0466	0.0390	0.0191	0.0118	0.0027	0.0012	0.0001	0.0000	0.0000
5	0.117	0.0001	0.0452	0.0379	0.0185	0.0115	0.0026	0.0012	0.0001	0.0000	0.0000
6	0.104	0.0001	0.0400	0.0335	0.0163	0.0101	0.0023	0.0011	0.0001	0.0000	0.0000
7	0.079	0.0001	0.0303	0.0254	0.0124	0.0077	0.0018	0.0008	0.0001	0.0000	0.0000
8	0.063	0.0001	0.0245	0.0205	0.0100	0.0062	0.0014	0.0006	0.0001	0.0000	0.0000
9	0.047	0.0000	0.0183	0.0153	0.0075	0.0046	0.0011	0.0005	0.0000	0.0000	0.0000
10	0.042	0.0000	0.0162	0.0136	0.0066	0.0041	0.0009	0.0004	0.0000	0.0000	0.0000
11	0.034	0.0000	0.0130	0.0109	0.0053	0.0033	0.0008	0.0003	0.0000	0.0000	0.0000
12	0.029	0.0000	0.0111	0.0093	0.0046	0.0028	0.0006	0.0003	0.0000	0.0000	0.0000
13	0.024	0.0000	0.0091	0.0077	0.0037	0.0023	0.0005	0.0002	0.0000	0.0000	0.0000
14	0.019	0.0000	0.0074	0.0062	0.0030	0.0019	0.0004	0.0002	0.0000	0.0000	0.0000
15	0.016	0.0000	0.0062	0.0052	0.0025	0.0016	0.0004	0.0002	0.0000	0.0000	0.0000
16	0.014	0.0000	0.0056	0.0047	0.0023	0.0014	0.0003	0.0001	0.0000	0.0000	0.0000
17	0.012	0.0000	0.0047	0.0039	0.0019	0.0012	0.0003	0.0001	0.0000	0.0000	0.0000
18	0.010	0.0000	0.0040	0.0034	0.0016	0.0010	0.0002	0.0001	0.0000	0.0000	0.0000
19	0.007	0.0000	0.0029	0.0024	0.0012	0.0007	0.0002	0.0001	0.0000	0.0000	0.0000
20	0.006	0.0000	0.0025	0.0021	0.0010	0.0006	0.0001	0.0001	0.0000	0.0000	0.0000
21	0.005	0.0000	0.0020	0.0017	0.0008	0.0005	0.0001	0.0001	0.0000	0.0000	0.0000
22	0.005	0.0000	0.0018	0.0015	0.0007	0.0004	0.0001	0.0000	0.0000	0.0000	0.0000
23	0.004	0.0000	0.0017	0.0014	0.0007	0.0004	0.0001	0.0000	0.0000	0.0000	0.0000
24	0.004	0.0000	0.0015	0.0013	0.0006	0.0004	0.0001	0.0000	0.0000	0.0000	0.0000
25	0.004	0.0000	0.0015	0.0013	0.0006	0.0004	0.0001	0.0000	0.0000	0.0000	0.0000
26	0.003	0.0000	0.0012	0.0010	0.0005	0.0003	0.0001	0.0000	0.0000	0.0000	0.0000
27	0.003	0.0000	0.0012	0.0010	0.0005	0.0003	0.0001	0.0000	0.0000	0.0000	0.0000

28	0.003	0.0000	0.0010	0.0009	0.0004	0.0003	0.0001	0.0000	0.0000	0.0000	0.0000
29	0.003	0.0000	0.0010	0.0008	0.0004	0.0002	0.0001	0.0000	0.0000	0.0000	0.0000
30	0.002	0.0000	0.0009	0.0007	0.0004	0.0002	0.0001	0.0000	0.0000	0.0000	0.0000
31	0.001	0.0000	0.0005	0.0004	0.0002	0.0001	0.0000	0.0000	0.0000	0.0000	0.0000
32	0.001	0.0000	0.0004	0.0004	0.0002	0.0001	0.0000	0.0000	0.0000	0.0000	0.0000
33	0.001	0.0000	0.0003	0.0003	0.0001	0.0001	0.0000	0.0000	0.0000	0.0000	0.0000
34	0.001	0.0000	0.0003	0.0003	0.0001	0.0001	0.0000	0.0000	0.0000	0.0000	0.0000
35	0.001	0.0000	0.0003	0.0002	0.0001	0.0001	0.0000	0.0000	0.0000	0.0000	0.0000
36	0.001	0.0000	0.0003	0.0003	0.0001	0.0001	0.0000	0.0000	0.0000	0.0000	0.0000
37	0.000	0.0000	0.0002	0.0001	0.0001	0.0000	0.0000	0.0000	0.0000	0.0000	0.0000
38	0.000	0.0000	0.0002	0.0002	0.0001	0.0000	0.0000	0.0000	0.0000	0.0000	0.0000
39	0.000	0.0000	0.0001	0.0001	0.0000	0.0000	0.0000	0.0000	0.0000	0.0000	0.0000
40	0.000	0.0000	0.0002	0.0001	0.0001	0.0000	0.0000	0.0000	0.0000	0.0000	0.0000
41	0.000	0.0000	0.0001	0.0001	0.0001	0.0000	0.0000	0.0000	0.0000	0.0000	0.0000
42	0.000	0.0000	0.0001	0.0001	0.0000	0.0000	0.0000	0.0000	0.0000	0.0000	0.0000
43	0.000	0.0000	0.0001	0.0001	0.0000	0.0000	0.0000	0.0000	0.0000	0.0000	0.0000
44	0.000	0.0000	0.0001	0.0001	0.0000	0.0000	0.0000	0.0000	0.0000	0.0000	0.0000
45	0.000	0.0000	0.0001	0.0001	0.0000	0.0000	0.0000	0.0000	0.0000	0.0000	0.0000
46	0.000	0.0000	0.0001	0.0001	0.0000	0.0000	0.0000	0.0000	0.0000	0.0000	0.0000
47	0.000	0.0000	0.0001	0.0001	0.0000	0.0000	0.0000	0.0000	0.0000	0.0000	0.0000
48	0.000	0.0000	0.0001	0.0001	0.0000	0.0000	0.0000	0.0000	0.0000	0.0000	0.0000
49	0.000	0.0000	0.0001	0.0001	0.0000	0.0000	0.0000	0.0000	0.0000	0.0000	0.0000
50	0.000	0.0000	0.0000	0.0000	0.0000	0.0000	0.0000	0.0000	0.0000	0.0000	0.0000

제3절 기업입지모델(firm location model)의 구축

기업입지모델은 기업의 공간적인 변화를 시뮬레이션하는 모델로 기업의 이동확률을 예측하는 기업이동확률모형과 이동한 기업이 재입지 지역을 선택하는 기업입지선택모형으로 구성된다(그림 4-10 참조). '기업이동확률모형'은 산업유형별 연평균 기업이동비율로 적용

하였으며, '기업입지선택모형'에서는 각 존별 입지효용을 중심으로
재입지 지역을 선택하는 입지선택 모형을 구축하였다. 입지선택 모
형에서는 기업의 이동에 있어서 이동거리에 대한 감쇄함수를 적용
한 거리 효용을 반영하여 다항 로짓모형 형태로 구축하였다.

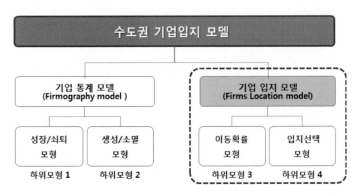

[그림 4-10] 기업입지(firm location) 모델

1. 기업 이동확률 모형(moving probability module)

국외 기업입지모델에서의 기업이동확률은 기업이 입지한 지역의
비용, 접근성, 오피스 공간 등의 다양한 입지요인으로부터의 입지효용
을 산출하고, 고용의 증가 등의 이유로 입지효용이 낮아질수록 이동
의 확률이 높아지는 것을 가정하고 있다. 입지 효용이 이동 한계 수치
(moving threshold value) 이하로 낮아질 경우 입지변경을 결정하는 이
항 선택 모형을 활용하여 모델에서 반영한다(그림 4-11 참조).[45]

---

45) Moeckel, R., 2007, op, cit., p.127.

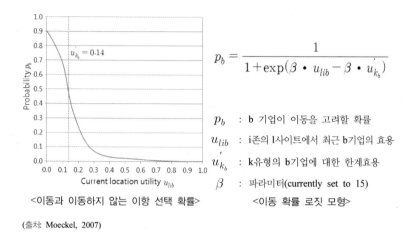

$$p_b = \frac{1}{1+\exp(\beta \cdot u_{lib} - \beta \cdot u'_{k_b})}$$

p_b : b 기업이 이동을 고려할 확률

u_{lib} : i존의 l사이트에서 최근 b기업의 효용

u'_{k_b} : k유형의 b기업에 대한 한계효용

β : 파라미터(currently set to 15)

<이동과 이동하지 않는 이항 선택 확률>　　　<이동 확률 로짓 모형>

(출처: Moeckel, 2007)

[그림 4-11] ILUMASS 모델에서의 기업이동확률모형

　그러나, 국내에서 입지효용에 따른 기업이동확률에 대한 실증분석은 아직 없다. 따라서 본 연구에서는 기업의 이동확률 모형은 2006년과 2008년, 2011년에 이동한 기업들을 대상으로 연평균 이동 확률을 산출하여 적용하였다(그림 4-12 참조).

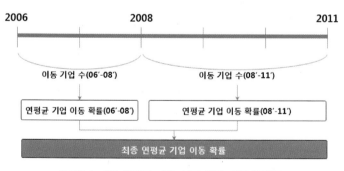

[그림 4-12] 연평균 기업 이동 확률 산정 방법론

대한상공회의소에 2006년과 2008년, 2011년에 등록된 기업 중 소재지 변경 유무를 추적 가능한 기업의 총 수는 36,611개의 기업이다. 이 중 2006년에서 2008년에 이동한 총 기업수는 1,097개 기업으로 약 3.0%의 기업이 이동하였다. 반면, 2008년에서 2011년 사이에 이동한 기업수는 10,761개 기업으로 29.4%의 기업이 이동하였다. 2006년에서 2008년 사이의 연평균 이동률은 1.5%이며, 2008년에서 2011년 사이의 연평균 이동률은 9.8%이므로 이를 다시 2006년에서 2011년의 연평균으로 계산하면, 약 6.48%의 기업이 이동하였다. 각 산업유형별로 이동 확률이 다르게 나타날 수 있음으로 산업별 이동 확률을 식으로 표현하면 [식 4-9]와 같다.[46)]

$$P_k = \frac{1}{n' + m'}(n'\frac{F'_{k \cdot n}}{F_{k \cdot n}} + m'\frac{F'_{k \cdot m}}{F_{k \cdot m}}) - - - - - - - - [식\ 4-9]$$

P_k : k산업 유형의 연평균 기업이동 확률

m : 2006~2008 구간(m' : 2년)

n : 2008~2011 구간(n' : 3년)

$F'_{k \cdot m}$: k산업 유형의 기업 중 m구간에 이동한 기업수

$F_{k \cdot m}$: k산업 유형의 m구간 전체 기업수

$F'_{k \cdot n}$: k산업 유형의 기업 중 n구간에 이동한 기업수

$F_{k \cdot n}$: k산업 유형의 n구간 전체 기업수

---

46) [식 4-9]는 5년 기간을 두 연도로 구분하여 연평균을 구한 식을 표현한 것으로 일반화된 식이라고는 할 수 없다. 따라서 향후 연평균 이동 확률에 대한 다른 연도의 자료가 추가된다면, [식 4-9]는 수정된다고 할 수 있다. 연평균 이동률에 대한 자세한 내용은 [표 4-6]에 실제 데이터로 설명하였다.

[식 4-9]를 이용하여 각 산업유형별로 연평균 기업이동확률을 산출하면 [표 4-6]과 같다.

산업유형별 이동률에서 기업 총량이 매우 낮은 1차 산업과, 전기/가스/수도 공급업, 환경 정화업을 제외하고 최종 연평균 기업 이동률이 가장 높은 산업은 건설업으로 2006년도에서 2008년까지 106개의 기업이, 2008년에서 2011년까지 958개의 기업이 이동하여 최종 연평균 7.91%의 기업이 이동하였다. 다음으로 서비스업이 제조업보다 이동률이 높게 나타났다. 서비스업 중에서는 생산자 서비스업이 연평균 7.93%로 가장 높았고, 다음으로 유통서비스업 7.55%, 소비자 서비스업, 6.71%로 높았다. 제조업에서는 첨단 제조업의 연평균 이동률이 6.30%로 제조업 중 가장 높았고, 다음으로 경공업이 5.69%, 중공업이 5.23%로 높았다(표 4-6 참조).

[표 4-6] 산업유형별 기업이동 확률

산업분류		전체 기업 수 (A)	06~08 이동 기업수 (B)	06~08 기업 이동률 (C%) (C = B/A)	06~08 연평균 기업 이동률 (D%) (D = C/2)	08~11 이동 기업수 (B')	08~11 기업 이동률 (C'%) (C' = B'/A)	08~11 연평균 기업 이동률 (D'%) (D' = C/2)	최종 연평균 기업 이동률 (E%) (E = (D*2 + D'*3)/5)
전체		36,611	1,097	2.99	1.50	10,761	29.39	9.80	6.48
1차 산업		93	2	2.15	1.08	20	21.51	7.17	4.73
합계		16,831	466	2.77	1.38	4,356	25.88	8.63	5.73
제조업	경공업	4,250	87	2.05	1.02	1,123	26.42	8.81	5.69
	중공업	6,537	189	2.89	1.45	1,519	23.24	7.75	5.23
	첨단	6,044	190	3.14	1.57	1,714	28.36	9.45	6.30
합계		16,744	517	3.09	1.54	5,375	32.10	10.70	7.04

서비스업	생산자	3,453	111	3.21	1.61	1,258	36.43	12.14	7.93
	소비자	11,734	358	3.05	1.53	3,577	30.48	10.16	6.71
	유통	1,557	48	3.08	1.54	540	34.68	11.56	7.55
건설업		2,689	106	3.94	1.97	958	35.63	11.88	7.91
전기/가스/수도공급업		2	0	0.00	0.00	1	50.00	16.67	10.0
환경정화업		252	6	2.38	1.19	51	20.24	6.77	4.52

또한, 3장의 [그림 3-35, 36, 37]에서와 같이 기업의 이동 확률은 기업의 고용규모와 연령에 따라서 확률분포가 다르게 나타난다. 따라서 기업의 고용규모와 기업연령을 교차하여 확률 분포를 분배(distribution)하면 [표 4-7]과 같다.

[표 4-7] 기업의 고용규모 및 연령별 이동 확률 분배

단위: %

연령 \ 규모	0명	1~4명	5~9명	10~19	20~49	50~99	100~299	300~499	500~999	1000↑
	11.039	39.353	20.581	15.448	9.281	2.220	1.607	0.241	0.151	0.080
1 0.111	0.012	0.044	0.023	0.017	0.010	0.002	0.002	0.000	0.000	0.000
2 0.403	0.044	0.159	0.083	0.062	0.037	0.009	0.006	0.001	0.001	0.000
3 0.403	0.044	0.159	0.083	0.062	0.037	0.009	0.006	0.001	0.001	0.000
4 0.443	0.049	0.174	0.091	0.068	0.041	0.010	0.007	0.001	0.001	0.000
5 1.129	0.125	0.444	0.232	0.174	0.105	0.025	0.018	0.003	0.002	0.001
6 2.741	0.303	1.079	0.564	0.423	0.254	0.061	0.044	0.007	0.004	0.002
7 4.182	0.462	1.646	0.861	0.646	0.388	0.093	0.067	0.010	0.006	0.003
8 5.200	0.574	2.046	1.070	0.803	0.483	0.115	0.084	0.013	0.008	0.004
9 6.127	0.676	2.411	1.261	0.946	0.569	0.136	0.098	0.015	0.009	0.005
10 6.751	0.745	2.657	1.389	1.043	0.627	0.150	0.108	0.016	0.010	0.005
11 7.668	0.846	3.018	1.578	1.185	0.712	0.170	0.123	0.018	0.012	0.006
12 8.777	0.969	3.454	1.806	1.356	0.815	0.195	0.141	0.021	0.013	0.007
13 8.605	0.950	3.386	1.771	1.329	0.799	0.191	0.138	0.021	0.013	0.007

14	6.137	0.677	2.415	1.263	0.948	0.570	0.136	0.099	0.015	0.009	0.005
15	5.703	0.630	2.244	1.174	0.881	0.529	0.127	0.092	0.014	0.009	0.005
16	4.283	0.473	1.685	0.881	0.662	0.397	0.095	0.069	0.010	0.006	0.003
17	4.393	0.485	1.729	0.904	0.679	0.408	0.098	0.071	0.011	0.007	0.004
18	3.879	0.428	1.527	0.798	0.599	0.360	0.086	0.062	0.009	0.006	0.003
19	3.094	0.341	1.217	0.637	0.478	0.287	0.069	0.050	0.007	0.005	0.002
20	2.741	0.303	1.079	0.564	0.423	0.254	0.061	0.044	0.007	0.004	0.002
21	2.479	0.274	0.976	0.510	0.383	0.230	0.055	0.040	0.006	0.004	0.002
22	2.267	0.250	0.892	0.467	0.350	0.210	0.050	0.036	0.005	0.003	0.002
23	1.965	0.217	0.773	0.404	0.304	0.182	0.044	0.032	0.005	0.003	0.002
24	1.401	0.155	0.551	0.288	0.216	0.130	0.031	0.023	0.003	0.002	0.001
25	1.340	0.148	0.527	0.276	0.207	0.124	0.030	0.022	0.003	0.002	0.001
26	1.108	0.122	0.436	0.228	0.171	0.103	0.025	0.018	0.003	0.002	0.001
27	0.705	0.078	0.278	0.145	0.109	0.065	0.016	0.011	0.002	0.001	0.001
28	0.967	0.107	0.381	0.199	0.149	0.090	0.021	0.016	0.002	0.001	0.001
29	0.635	0.070	0.250	0.131	0.098	0.059	0.014	0.010	0.002	0.001	0.001
30	0.423	0.047	0.167	0.087	0.065	0.039	0.009	0.007	0.001	0.001	0.000
31	0.595	0.066	0.234	0.122	0.092	0.055	0.013	0.010	0.001	0.001	0.000
32	0.423	0.047	0.167	0.087	0.065	0.039	0.009	0.007	0.001	0.001	0.000
33	0.464	0.051	0.182	0.095	0.072	0.043	0.010	0.007	0.001	0.001	0.000
34	0.312	0.034	0.123	0.064	0.048	0.029	0.007	0.005	0.001	0.000	0.000
35	0.403	0.044	0.159	0.083	0.062	0.037	0.009	0.006	0.001	0.001	0.000
36	0.262	0.029	0.103	0.054	0.040	0.024	0.006	0.004	0.001	0.000	0.000
37	0.121	0.013	0.048	0.025	0.019	0.011	0.003	0.002	0.000	0.000	0.000
38	0.171	0.019	0.067	0.035	0.026	0.016	0.004	0.003	0.000	0.000	0.000
39	0.151	0.017	0.059	0.031	0.023	0.014	0.003	0.002	0.000	0.000	0.000
40	0.060	0.007	0.024	0.012	0.009	0.006	0.001	0.001	0.000	0.000	0.000
41	0.191	0.021	0.075	0.039	0.030	0.018	0.004	0.003	0.000	0.000	0.000
42	0.151	0.017	0.059	0.031	0.023	0.014	0.003	0.002	0.000	0.000	0.000
43	0.101	0.011	0.040	0.021	0.016	0.009	0.002	0.002	0.000	0.000	0.000
44	0.030	0.003	0.012	0.006	0.005	0.003	0.001	0.000	0.000	0.000	0.000
45	0.071	0.008	0.028	0.015	0.011	0.007	0.002	0.001	0.000	0.000	0.000
46	0.081	0.009	0.032	0.017	0.012	0.007	0.002	0.001	0.000	0.000	0.000
47	0.030	0.003	0.012	0.006	0.005	0.003	0.001	0.000	0.000	0.000	0.000
48	0.030	0.003	0.012	0.006	0.005	0.003	0.001	0.000	0.000	0.000	0.000
49	0.040	0.004	0.016	0.008	0.006	0.004	0.001	0.001	0.000	0.000	0.000
50	0.252	0.028	0.099	0.052	0.039	0.023	0.006	0.004	0.001	0.000	0.000

2. 기업 입지선택 모형(location choice module)

기업의 입지 선택 모형은 3장 3절에서 수도권 재입지 기업의 산업 유형별 입지선택요인에 대한 이항로짓분석 결과를 이용하여 구축하였다. 산업 유형별 이항 로짓 분석에서 상수를 포함한 각 재입지 변수별 입지계수($\beta_0 \sim \beta_{16}$)와 각 변수($x_1 \sim x_{16}$)를 이용하여 [식 4-10]을 구축하였다.[47]

여기서 p_i는 i존에 k산업의 기업이 재입지할 확률을 의미하며, $\beta_0 \sim \beta_{16}$는 산업 유형별 재입지 계수로 [표 3-8, 9, 10, 11, 12]의 내용을 [표 4-8][48]로 정리하였다.

$$\frac{p_{ik}}{1-p_{ik}} = e^{\beta_0 + \beta_1 x_1 + \cdots + \beta_{16}x_{16}} - - - - - - - - - - - [식\ 4-10]$$

p_{ik} : i존에 k산업의 기업이 재입지 확률

$x_1 \sim x_{16}$: i존의 산업유형별 입지계수

$\beta_0 \sim \beta_{16}$: 산업유형별 입지 계수

여기서, 확률선택모형은 이론적으로 McFadden(1981)에 의하여 개발되었으며, 개별 의사결정주체들이 모든 대안들 중에서 가장 바람직한 대안을 선택하는 선택행위이론에 논리적 근거를 두고 있다. 가장 바람직한 대안은 선택 주체에게 가장 큰 효용을 제공하는 것을 전제하고 있다.[49]

---

47) 이학식 · 임지훈, 2011, SPSS 18.0, 집현재, 355쪽.

48) [표 4-8]은 3장에서 수도권의 산업유형별 재입지 기업 로짓분석 결과를 정리한 것으로 자세한 사항은 [표 3-8~12]에 표기되어 있다.

따라서 i존에 k산업 유형의 기업이 재입지할 확률 p_{ik}는 다른 존에 비하여 i존이 더 큰 효용을 제공하기 때문에 선택주체인 기업이 i존을 선택한 효용 확률을 의미한다. 확률적 효용의 평균은 0으로 가정되기 때문에 결정적 효용을 총 효용을 대표하는 효용으로 간주할 수 있다. i존의 확률적 효용(p_{ik})을 입지효용(u_{ik})으로 바꾸어 표현하여 본 연구에서 활용하였다(식 4-11 참조).[50]

[표 4-8] 전체 기업의 기업 입지요인 이항 로짓분석 결과(표 3-8~12 내용 재정리함)

변수 및 계수			전체 산업	제조업 경공업	제조업 중공업	제조업 첨단	서비스 생산자	서비스 소비자	서비스 유통	건설업
KTX역	x_1	β_1	-.339	-.214	-.075	-.382	-.100	-.401	-.037	-.037
지하철역	x_2	β_2	-.118	-.371	-.023	-.061	-.333	-.217	-.147	-.128
고속도로 IC	x_3	β_3	.035	.489	.028	-.010	-.043	-.037	-.011	.006
인천국제공항	x_4	β_4	.684	-.152	-.022	-.059	1.048	.800	1.239	1.000
인천항	x_5	β_5	-.422	.660	.040	-.164	-.420	-.279	-.808	-.404
평택항	x_6	β_6	.044	3.094	.216	.141	.430	.358	.134	.191
버스 정류장	x_7	β_7	.007	-.011	.001	.003	.006	.007	.007	.006
간선도로	x_8	β_8	-.037	-.171	-.025	-.028	-.093	-.057	-.060	-.107
평균 공시지가	x_9	β_9	-.020	1.446	.160	.067	.163	.245	.047	.342
서울 중심	x_{10}	β_{10}	-.372	-.229	-.630	-.382	-.296	-.192	-.479	.129
상업/공업 용도지역	x_{11}	β_{11}	1.316	.154	.989	1.109	1.144	1.004	.998	.957
산업단지	x_{12}	β_{12}	.147	1.329	.403	.342	-.032	-.286	.182	-.238
거주인구수	x_{13}	β_{13}	.031	.165	.065	.083	.072	.024	.026	.038
대학 밀도	x_{14}	β_{14}	-.026	-.088	.098	-.040	.029	-.221	.088	-.343

---

49) 안홍기 외, 2010, 앞의 책, 114쪽.
50) 안홍기 외, 2010, 앞의 책, 114쪽.

전체 종사자수	x_{15}	β_{15}	.375	−.707	−.384	−.319	−.287	.101	−.311	−.386
동일업종 종사자수	x_{16}	β_{16}	−	.705	.714	.573	.532	.092	.602	.574
상수		β_0	−.827	−59.63	−2.456	3.446	−12.07	−9.255	−6.01	−16.784

$$\frac{u_{ik}}{1-u_{ik}} = e^{\beta_0 + \beta_1 x_1 + \cdots + \beta_{16} x_{16}} \text{ - - - - - - - - - - -[식 4-11]}$$

u_{ik} : i존의 k산업 기업 입지효용

$x_{16} \sim x_{16}$: i존의 재입지 요인 변수

$\beta_0 \sim \beta_{16}$: 산업유형별 입지 계수

[식 4-11]을 이용하여 수도권 읍면동별로 전체 산업의 입지효용을 산출하여 도면으로 표현하면 [그림 4-13]과 같다.

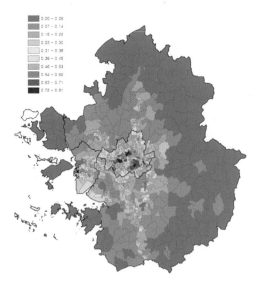

[그림 4-13] 전체산업 행정동별 입지효용

마찬가지로 산업의 유형을 본 연구에서 구분한 중분류로 구분하여 각 산업유형에 대한 행정동별 입지효용을 도출하였다. 제조업의 경공업은 서울 도심 일부 지역의 효용이 타 지역에 비해 상대적으로 높고, 중공업은 서울의 중구, 강남, 구로일대가 높으면서, 서울과 인접한 수도권 지역의 입지효용이 높았다. 특히 안산과 인천의 공단지역의 입지효용이 높았다(그림 4−14 참조).

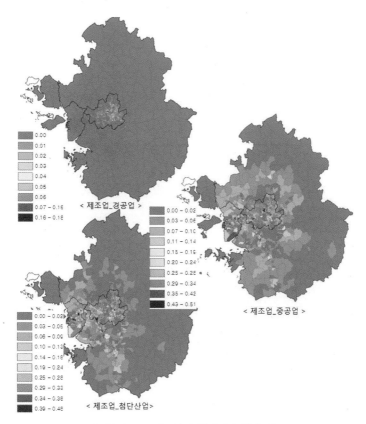

[그림 4−14] 제조업의 행정동별 입지효용

서비스업은 서울을 중심으로 입지효용이 높았다. 세부적으로 생산자 서비스업은 서울을 중심으로 경기도의 안양, 수원, 분당, 일산 등의 지역에서 다소 효용이 높았으며, 소비자 서비스업은 수도권의 주요 도시지역에서, 유통 서비스업은 서울과 인천항 부근에서 입지효용이 높았다(그림 4-15 참조).

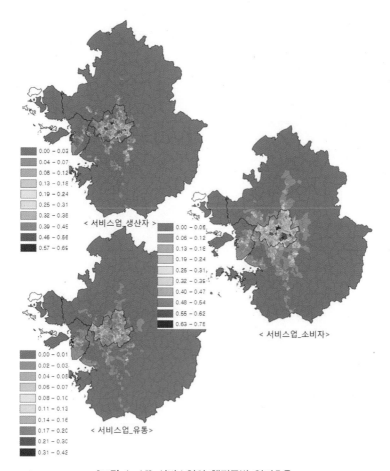

[그림 4-15] 서비스업의 행정동별 입지효용

건설업의 입지효용은 서울의 강남지역을 중심으로 서울 전역과 수도권의 과천, 안양, 수원, 분당, 일산, 의정부 등에서 다른 지역보다 상대적으로 입지효용이 높았다(그림 4-16 참조).

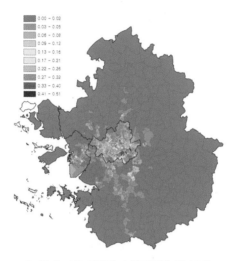

[**그림 4-16**] 건설업의 행정동별 입지효용

이상에서와 같이 각 산업유형별 기업입지효용을 도출하였다. 그러나, 기업의 이동은 지역의 입지효용만으로 입지를 결정할 순 없다. 3장에서 기업 이동은 근거리로의 이동빈도가 매우 높았으며 이는 기업의 이동은 거리감쇄에 영향을 받는다고 할 수 있다.

[그림 4-17, 18]은 서울시 구로구와 안양시 동안구의 기업 이동 경로를 나타내고 있다. 각 그림의 왼쪽은 수도권에서의 이동이고, 오른쪽은 이를 확대한 것을 나타낸다. [그림 4-17, 18]에서와 같이 기업의 이동은 해당 지역의 이동이 다수를 차지하고, 인접한 지역으로의 이동이 매우 많은 것을 확인할 수 있다.

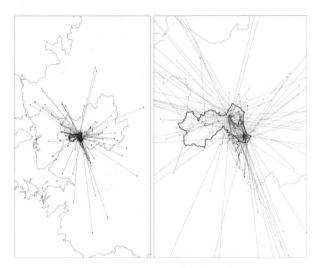

[그림 4-17] 구로구 기업 이동 경로

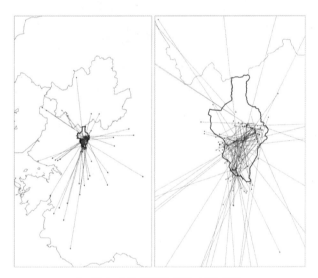

[그림 4-18] 동안구 기업 이동 경로

지역별 일자리 창출과 고용안정을 위한 수도권 기업 이동 현황과 장기전망

따라서 각 지역별 네트워크 거리를 기업이 이동하여 입지 지역을 선택하는 데 있어서 각 존까지의 거리에 대한 수치를 반영해야 한다. [그림 3－20]에서 전체 산업을 대상으로 구축한 기업 이동 거리에 대한 거리감쇄함수를 활용하여 재입지 기업의 거리효용을 [식 4－12] 와 같이 설정하였으며, [그림 4－19]와 같다. 거리감쇄함수의 계수인 β를 [식 4－12]의 양변의 로그를 취해 선형회귀함수로 분석하여 β값 0.288을 도출하였다(R^2: 0.785).

$$u_{d_{ij}} = \exp(-\beta \cdot d_{ij}) - - - - - - - - - - - - - - [식\ 4-12]$$

$u_{d_{ij}}$	:	i존에서 j존까지의 거리(d_{ij}3)에 대한 효용
d_{ij}	:	i존에서 j존까지의 거리(km)
β	:	기업 이동거리 감쇄 계수(0.288)

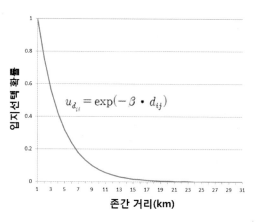

[그림 4－19] 입지선택 거리감쇄 함수

[식 4-11]과 [식 4-12]를 활용하여 최종적인 존별 입지 선택 효용(u'_{ik}) 함수를 도출하였다(식 4-13 참조). 단 거리감쇄에 대한 가중치를 부여하고자 선행연구(Moeckel, 2007)에서의 가중치 수치를 차용하여 입지 효용의 가중치를 각각 α는 0.1, β는 0.9로 반영하였다.[51]

$$u'_{ik} = \alpha \cdot u_{ik} + \beta \cdot u_{d_{ij}} - - - - - - - - - - - [\text{식 } 4-13]$$

u'_{ik} : i존의 k산업 유형 기업 최종 입지효용

u_{ik} : i존의 k산업 유형 기업 입지효용

$u_{d_{ij}}$: i존에서 j존까지의 거리감쇄 효용

α, β : 가중치($\alpha = 0.1, \beta = 0.9$)

[식 4-13]을 이용하여 경기도 시군구 중 군포시를 사례로 입지 효용 함수의 거리효용 반영 전후를 비교하면, [그림 4-20]과 같다. 군포시의 위치와 관계없이 안산과 금천, 구로 등의 재입지 효용이 높았으나, 거리효용을 반영하면 군포시를 중심으로 인접한 지역에 대한 효용이 높은 것을 확인하였다.

---

51) 입지효용과 거리효용이 기업의 재입지에서 서로 다른 영향력을 나타낼 수 있으며, 외국 모델에서도 이를 가중치로 반영하고 있다. 특히 산업 유형별로 입지 효용의 가중치가 다르게 나타날 수 있으나, 본 연구에서는 초기값으로 선행연구(Moeckel, 2007)에서 사용된 가중치를 반영하였다. 이는 향후 연구를 통해 보완이 필요하다.

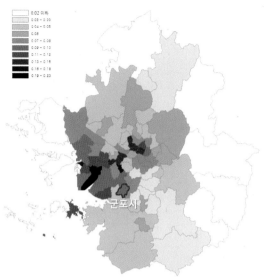

<거리 감쇄 효용 함수 반영 전_군포시(중공업)>

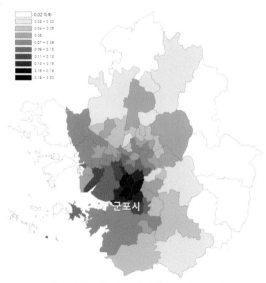

<거리 감쇄 효용 함수 반영 후_군포시(중공업)>

[그림 4-20] 거리 감쇄함수 반영 전후 비교(군포시)

최종으로 [식 4 - 13]을 활용하여 i존에 k산업 유형의 기업이 재입지를 선택할 확률(P_{ik})는 i존의 최종효용(u'_{jk})을 i존으로부터 모든 존의 효용의 합($\sum_i u'_{ik}$)으로 나눔으로써 도출되는 확률로 표현하면 [식 4 - 14][52]와 같다.

$$P_{ik} = \frac{\exp(u'_{ik})}{\sum_i \exp(u'_{ik})} - - - - - - - - - - - - - - - [\text{식 } 4-14]$$

P_{ijk} : i존의 k산업 유형의 이동 기업이 j존을 선택할 확률

u'_{jk} : j존의 k산업 유형 기업 최종 입지효용

해당 존으로부터 타 존으로의 거리감쇄가 반영된 [식 4 - 14]를 이용하여 해당 존의 이동기업이 동일 및 타 지역을 선택할 때 최종적으로 활용하였다. 또한 거리감쇄함수가 반영되지 않은 각 존의 산업유형별 입지효용 [식 4 - 10]은 신규기업의 초기 입지를 선택할 때 활용하였다.

제4절 기업 통계 모형 검증(validation)

모델의 장기 예측값의 실효성을 높이기 위해서는 실제값과의 비교를 통한 계수 검증을 필요로 한다. 본 연구에서 구축한 기업 통계

---

52) [식 4 - 14]에서는 해당 존의 점유 가능한 비주거용 연면적이 반영되지 않았다. 기업이 실제 입지를 결정할 때 입지 가능한 건축 또는 토지가 있어야 가능하지만, 본 연구에서는 이를 반영하지는 못했다. 따라서 향후 연구를 통해 이에 대한 보완이 필요하다.

모델은 기업의 성장과 쇠퇴모델, 기업의 생성과 소멸 모델로 구분되며, 각각의 하위모델의 예측값과 실측값을 비교하였다. 특히 기업의 생성과 소멸 모델에서는 관련 계수의 값을 미세하게 조정하여 오차가 가장 작은 값을 선택하였다. 단, 모델 검증은 유효표본수가 높은 서비스업과 제조업만을 대상으로 하였다.

본 연구에서는 1981년부터 2005년까지의 데이터를 기반으로 모델을 구성하고 계수를 산출하였다. 따라서 모델의 기준연도는 2005년으로 하였으며, 2010년까지의 실제 기업의 성장과 쇠퇴, 생성과 소멸 변화를 비교하여 검증하였다(그림 4-21 참조).

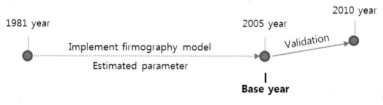

[그림 4-21] 모델의 구축과 검증 범위

2005년을 기준으로 기업의 성장과 쇠퇴확률을 2010년까지 시뮬레이션하였으며, 추정된 기업의 성장 및 쇠퇴확률과 같은 기간의 기업의 실제 성장 및 쇠퇴확률을 비교하였다. 서비스산업은 1,000명 이상, 100~299명 고용규모에서의 실제 성장확률과 추정 성장확률이 매우 유사하였다. 또한, 50~99명, 10~19명, 0명의 고용규모에서의 쇠퇴확률도 두 값의 차이가 크지 않았다. 반면, 300~499명, 50~99명, 10~19명의 고용규모에서 쇠퇴확률은 예측값과 실측값의 차이가 컸다(그림 4-22 참조). 제조업은 서비스산업에 비교해서 실제값과 예측값의 차이가 크지 않았다. 특히 쇠퇴확률은 각 고용규모별로 실제확률값과 매우 유사한 값들이 예측되었다(그림 4-23 참조).

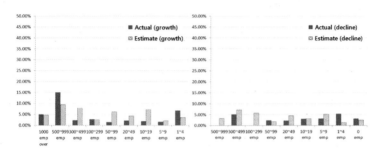

[그림 4-22] 서비스업의 성장과 쇠퇴확률 검증

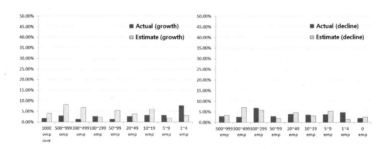

[그림 4-23] 제조업의 성장과 쇠퇴확률 검증

기업의 생성과 소멸 검증을 위한 시뮬레이션의 자료의 한계로 2009년까지 시뮬레이션하였으며, 실제 신규기업의 생성수와 소멸기업의 소멸수를 예측값과 각각 비교하였다. 단, 2008년은 국제금융위기가 있었던 한 해로 일반적인 신규 및 소멸 기업의 수와 차이가 있을 수 있음을 반영하여 실제 두 값의 비교를 통해 오차를 최소화할 때는 2008년을 제외하였다. 본 연구에서 구축한 기업의 생성과 소멸 모델은 산업구조변화에 대한 가중치(β)를 사용하였으며, 이 값을 미세하게 조정하여 실제값과 예측값의 차이의 제곱이 최소화되는 검증 방법을 적용하였다. 이 방법은 CV(Cross-Validation)으로, 오차항에 대한 [식 4-15]로 표현될 수 있으며, 가중치 β이 값을 조정하여 두 값의 차이의 제곱이 최소화되는 값을 찾는다(Fortheringham et al., 2002). 가중치 β의 값은 0.001단위로 조정하였다.

$$f(\omega_2) = \sum_{}^{n}(E_n - A_n)^2, n = 2006, 2007, 2009 ----[식 \ 4-15]$$

P_{ijk} : i존의 k산업 유형의 이동 기업이 j존을 선택할 확률

u'_{jk} : j존의 k산업 유형 기업 최종 입지효용

서비스 산업의 생성 및 소멸 기업수 검증 결과, 생성과 소멸 모두 실제 값과 매우 유사하였다. 생성 기업수 예측 모델은 가중치 β가 0.902일 때 가장 오차가 적었으며, 실제값과의 비교에서도 2008년을 제외하고 매우 유사한 값이 도출되었다(그림 4-24 참조). 소멸 기업수 예측 모델에서는 가중치 β가 0.903일 때 오차가 가장 적었으며, 생성 기업과 마찬가지로 2008년을 제외하고 매우 실제값과 매우 유사하였다(그림 4-25 참조).

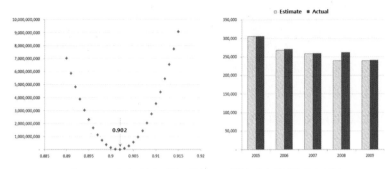

[그림 4-24] 서비스업의 생성 기업수 오차함수값과 실제값과의 검증

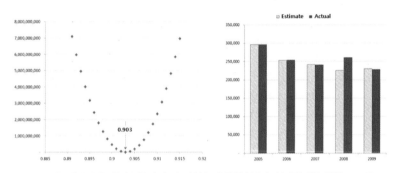

[그림 4-25] 서비스업의 소멸 기업수 오차함수값과 실제값과의 검증

　　제조업은 서비스업과 비교해서 오차가 다소 높았다 생성기업은
가중치 β이 0.881에서 가장 낮았으며, 2008년을 제외하고 2009년에
서는 다소 차이가 있었다(그림 4-26 참조). 소멸 기업에서는 가중
치 0.479에서 오차값이 가장 낮았다(그림 4-27 참조).

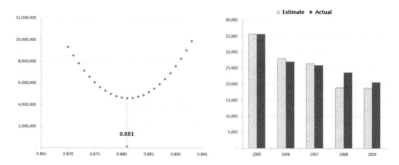

[그림 4-26] 제조업의 생성 기업수 오차함수값과 실제값과의 검증

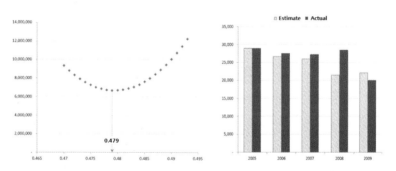

[그림 4-27] 제조업의 소멸 기업수 오차함수값과 실제값과의 검증

제5절 소결

이상에서와 같이 수도권의 기업의 장기적인 변화를 시뮬레이션할 수 있는 기업입지모델을 구축하였다. 이 연구에서 구축한 기업입지모델의 특징을 요약하면 다음과 같다.

첫째, 거시적이고 장기적인 기업의 입지변화를 시뮬레이션하기 위해 토지이용과 교통의 상호작용을 기반으로 구축하였다. 이는 기업의 입지변화로 변경된 토지이용이 토지이용－교통모델과 연동하여 기업 이외의 토지이용과 교통 접근성이 변경되고 다음 해에 영향을 미치는 구조로 구축하였다(그림 4－2 참조).

둘째, 기업의 3가지 특성(산업유형, 고용규모, 기업연령)을 기준으로 집계된(aggregated) 데이터 기반의 시뮬레이션 모델이다. 이는 집계 데이터 기반의 시뮬레이션 모델에서 비집계 데이터(micro－data) 기반의 마이크로시뮬레이션 모델의 일부 장점을 결합한 것으로, 산업유형별로만 집계한 국외 모델(DELTA)과의 차별성으로 볼 수 있다.

셋째, 기업입지모델은 비공간적인 시뮬레이션을 담당하며 총량적인 통계 변화를 중심으로 시뮬레이션하는 기업통계모델(firmogrhphy model)과 기업통계모델의 분석 결과를 받아서 기업의 입지와 이동을 공간적으로 시뮬레이션하는 기업입지모델(firm location model)로 구성된다. 또한 각각의 세부모형에 기업 성장/쇠퇴 모형, 생성/소멸 모형과 이동 확률 모형, 입지 선택 모형의 하위 모형을 포함하고 있다. 이와 같은 다수의 하위모형으로 구성되고 각 하위모형의 연계를 통한 패키지 형태의 기업입지모델은 지속적으로 하위모형을 추가하여 모델을 보완할 수 있는 장점이 있다.

제4장

수도권 기업의
장기변화예측
시뮬레이션

제1절 시뮬레이션 범위와 과정

1. 시뮬레이션 개요 및 범위

이 연구에서 구축한 수도권의 기업입지모델은 기업통계모델과 기업입지모델로 구분된다(그림 4-1, 2 참조). 여기서 기업입지모델은 외부의 토지이용과 교통이 상호작용(Interaction)되는 통합형 모델과 연동하여 인구 및 가구 이동과 교통 접근 시간 산출값을 각 존의 재입지효용에 다시 영향을 받는 구조로 구축하였다.

그러나, 아직 국내에서 검증된 수도권 토지이용-교통 통합모델이 구축되지 않은 상황이다. 따라서, 토지이용-교통 통합모델에서 토지이용모델을 통한 인구 이동 부분과 교통모델에서의 존별 접근시간은 기준연도인 2005년을 기준으로 모두 동일하게 적용하였다. 이는 향후 수도권의 토지지용-교통 통합모델의 개발과 함께 상호보완될 예정이다. 때문에 시뮬레이션의 최종 결과값 자체의 수치가 포함하는 시사점은 낮으므로, 전체적인 패턴변화를 중심으로 분석하고자 하였다.

시뮬레이션의 기준연도는 2005년이며, 목표연도는 25년 이후인 2030년[53])을 예측 목표연도로 설정하였다(그림 5－1 참조). 시뮬레이션의 시나리오 구성은 GRDP의 성장률 변화를 중심으로 구성하였다. 기준연도인 2005년을 기준연도로 하되, 1995년에서 2010년까지의 각 산업별 GRDP 연평균 성장률(표 4－1 참조)을 2010년 이후부터 2015년까지 동일하게 반영하여 시뮬레이션을 하였다. 2015년부터 2030년까지 기존의 성장률을 동일하게 반영한 시나리오를 기본 시나리오로 작성하였으며, 긍정시나리오는 2015년 이후부터는 기존 성장 추세보다 0.5%씩 더 증가하는 추세를, 부정 시나리오는 반대로 0.5%씩 감소하는 추세를 시나리오로 작성하였다(그림 5－1 참조).

도시통합모델에서 시나리오의 작성은 보다 정밀한 분석을 통해 작성되어야 하지만 이 연구에서는 다소 간단한 시나리오를 작성하였으며 최종 예측 결과물의 변화를 비교하고자 하였다. 이는 모델의 시나리오 적용 가능성을 우선 확인하기 위함이며, 향후 보완해야 할 부분이라 할 수 있다.

---

53) 목표연도를 2030년으로 선정한 이유는 현재를 기준으로 각 도시별 도시기본계획이 2030년을 목표연도로 작성되었으므로, 동일한 목표 연도를 기준으로 분석하여 시뮬레이션의 시의성을 높이고자 하였다.

[그림 5-1] 시뮬레이션의 시간적 범위 및 시나리오 구성

또한, 수도권 외부로의 기업 이동과 수도권 외부에서의 기업 유입, 국외로의 기업 이전과 국외에서의 기업 유입은 고려하지 않았으며, 이는 3장의 수도권 기업 이동 분석에서 수도권 내부에서의 이동 비율이 98.5% 이상이고, 외각으로의 기업 이동 비중이 1.5% 미만으로 매우 낮은 것을 근거로 하였다(표 3-13 참조).

2. 시뮬레이션의 공간단위와 데이터 구축

시뮬레이션의 공간적인 적용 범위는 수도권이며, 존의 단위는 시군구 단위로 하였다. 이는 모델을 연동하는 데 있어서 읍면동 단위의 데이터 확보가 어렵고, 또한 존의 공간단위가 읍면동 또는 그 이하로 좁아질 경우 분석 결과가 세밀해지는 장점이 있으나, 장기적인 시뮬레이션 관점에서 오차 범위가 커질 우려가 있다. 따라서 수도권의 시군구 단위로 총 79개의 존을 공간단위로 설정하였다(그림 5-2 참조).

[그림 5-2] 시뮬레이션의 공간단위(시군구)

　　각 존별로 기업 데이터의 구축은 통계청의 기업 총조사 MDSS 자
료를 활용하였다. 각 존별 기업 데이터는 본 연구에서 구분한 중분
류의 산업유형을 구분하고, 기업의 고용규모와 연령구분에 따라서
세분화하여 큐브 형태의 기업 데이터를 구축하였다(그림 5-3 참
조). 단, 기업의 이동과 변화가 거의 없는 산업의 유형(1차 산업, 전
기/가스/수도 공급업, 환경정화업, 공공서비스업)은 분석에서 제외하
고 제조업(경공업, 중공업, 첨단산업), 서비스업(생산자, 소비자, 유
통), 건설업, 총 7개의 산업유형을 중심으로 분석하였다.

---

54) 이 연구에서 사용된 공간단위는 총 3가지로, 직경 300m의 헥사곤과 읍면동, 시군구 단
　　위로 구분된다. 여기서 직경 300m의 헥사곤은 기업의 재입지에 미치는 입지 요인을 세
　　밀하게 분석하기 위한 공간 분할 단위이며, 읍면동 단위는 기업의 성장과 쇠퇴, 재입지
　　효용을 분석하기 위해 사용하였다. 최종 시뮬레이션에서도 읍면동 단위를 목표로 하였
　　으나, 데이터 구축과 모델 진행 과정의 복잡함을 한계로 시군구 단위로 시뮬레이션하였
　　다. 이는 향후 읍면동 단위로 발전시킬 예정이다.

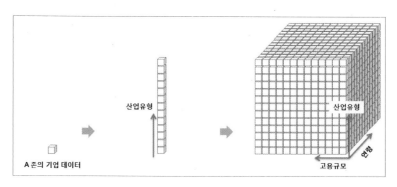

[그림 5-3] 존별 기업데이터 구축 개념도

이 연구에서 활용한 교통모델은 OmniTRANS[55] 모델이다. 여기서 교통모델을 OmniRANS 모델로 고정할 필요는 없으며 다양한 교통모델을 활용하여 각 존별 접근성을 산출하여 활용이 가능하다. 그러나, 본 연구에서는 연구자의 활용이 용이하고, 또한 국외 토지이용-교통 통합모델인 DELTA와 연동된 경험이 있는 OmniTRANS 모델을 활용하였다. 수도권의 교통 네트워크는 국가교통 DB 전국 GIS 자료(2005)를 활용하여 본 연구자의 연구실에서 공동으로 구축하였으며, 네트워크는 레벨2의 링크 및 노드 데이터를 활용하였다(그림 5-4 참조).

OmniTRANS 교통모델을 활용하여 각 존별 네트워크 접근 시간을 산출하였으며, 접근 시간 기반의 거리감쇄함수를 활용하여 기업이동의 거리효용($u_{d_{ij}}$)을 산출하였다. 교통 모델은 2년 단위로 연동하여 (하지만 이번 시뮬레이션에서는 기준연도로 고정하였음), 존별 접근 시간을 업데이트하는 구조를 가지며, 이때 새로운 고속도로 및 국도 건설이나 도로 확장으로 접근 시간이 단축되었을 경우 기업의 이동

---

55) OmniTRANS 모델은 다중교통수단에 대한 교통계획 프로그램의 통합패키지로 전통적인 4단계 교통수요예측 방법론을 이용하고 있다.

거리 효용($u_{d_{ij}}$)은 높게 변경된다. 이와 같은 교통모델과의 연동은 향후 교통 네트워크의 다양한 시나리오를 통해 기업의 이동을 시뮬레이션을 하는 데 있어서 활용될 수 있다.

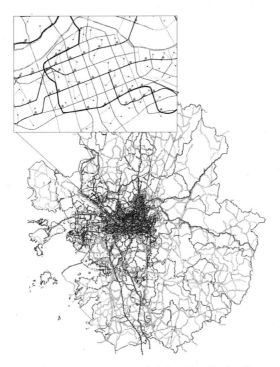

[그림 5-4] OmniTRANS 기반 수도권 교통 네트워크

3. 시뮬레이션 구동 과정

이 연구에서 구축한 수도권 기업입지모델의 세부적인 진행과정은 [그림 5-4]와 같으며 기업통계모델과 기업입지모델의 진행과정은 동일하다.

시뮬레이션의 시작 후 79개의 시군구 중 하나의 존을 선택하고, 해당 존의 산업 유형을 선택한 후 앞서 4장에서 구축한 기업통계모델의 하위모형인 기업의 생성/소멸과 성장/쇠퇴 모형을 진행한다. 이후 기업통계모델이 진행되지 않은 다른 산업을 다시 선택하여 동일한 과정을 반복한다. 선택된 존의 모든 산업에 대하여 기업통계모형의 진행이 완료되면, 다른 존을 선택하여 앞서 수행한 존과 동일한 과정을 역시 반복하고 모든 존이 완료되면, 기업통계모델 구동을 완료한다.

기업입지선택모델도 역시 동일한 과정을 반복하여 존과 산업유형을 선택한 후, 기업의 이동 확률 모형과 이동기업의 입지를 선택하고 구동을 완료한다(그림 5-5 참조). 각 세부모델에서 기업통계모형과 기업입지모형의 세부진행과정은 [그림 5-6]과 [그림 5-7]에 표현하여 기술하였다.

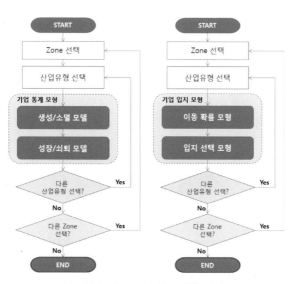

[그림 5-5] 세부모델별 진행 과정

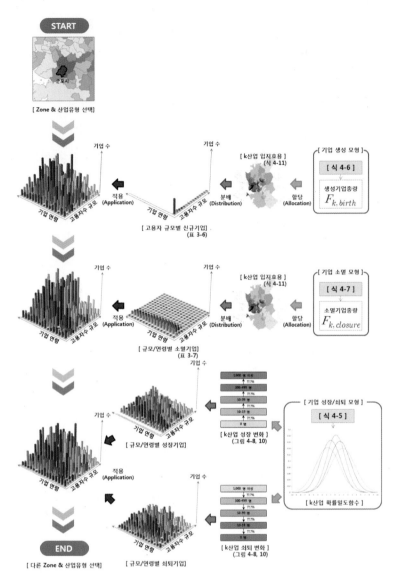

[그림 5-6] 기업 통계 모델(firmography model) 세부 진행과정

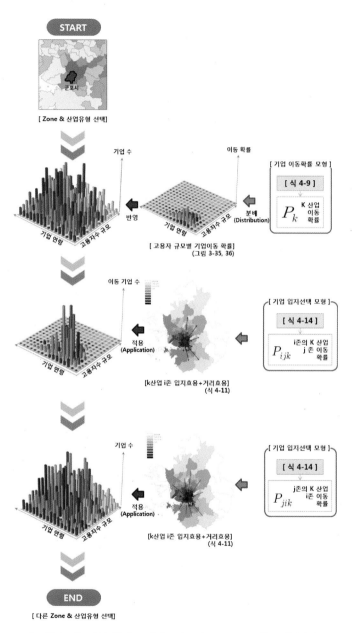

[그림 5-7] 기업 입지 모델(firm location model) 세부 진행과정

제2절 시뮬레이션 분석 결과

이 연구에서 구축한 수도권의 기업입지모형을 기반으로 2030년을 목표로 장기적인 기업의 통계와 입지변화를 시뮬레이션하여 결과를 도출하였다. 또한, 경제성장 부분인 GRDP의 변화를 3가지 시나리오(기본, 긍정, 부정)로 입력하여 도출되는 장기적인 변화를 비교 분석하였다. 시뮬레이션 분석 결과는 모델의 세부 모델인 기업통계모형 부문과 기업 입지모형 부문으로 구분하여 기술하였다.

1. 기업통계모델 시뮬레이션 결과

기업통계모델의 시뮬레이션 결과는 전체 산업과 각 산업 유형별로 총 사업체수 변화와 신규 및 소멸 사업체수 변화를 추정하였다. 여기서 전체산업은 제조업과 서비스업, 건설업을 합한 사업체수로 하였다.

1) 총 사업체수 변화 시뮬레이션 결과

전체 산업의 총 사업체수 변화 예측 및 정산은 [그림 5-8]과 같다. 기준연도인 2005년부터 2030년까지 서서히 사업체수가 증가하였다. 2015년부터는 긍정과 부정 시나리오에 의해서 긍정 시나리오는 2030년까지 기본 시나리오보다 보다 더 사업체수가 증가하는 결과가 도출되었으며, 부정 시나리오는 2020년까지 기업수가 증가하다가 2030년까지는 오히려 감소하였다.

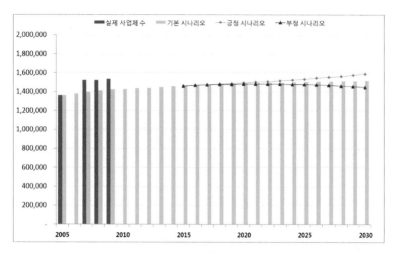

[그림 5-8] 전체산업 유형의 총 기업수 변화

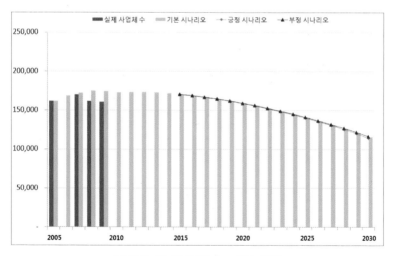

[그림 5-9] 제조업의 총 기업수 변화

제조업의 총 사업체수 변화는 [그림 5-9]와 같다. 제조업의 총
사업체수는 2010년부터 2015년까지 기업수의 변화가 거의 없다가

2015년부터 2030년까지 지속적으로 감소하였다. 2015년부터 긍정
과 부정 시나리오로 차등되어 적용되었음에도 최종 2030년까지 총
사업체수의 변화는 큰 차이를 나타내지 않았다.

　서비스업의 총 사업체수 변화는 [그림 5-10]과 같다. 서비스업의
총 사업체수는 전체 산업체의 총 사업체수와 비슷한 추세의 결과가
도출되었다. 이는 서비스업의 사업체수가 전체 산업체수에서 차지하
는 비중이 높기 때문인 것으로 판단된다.[56] 기본 시나리오에서의 서
비스업 총 사업체수는 2030년까지 지속적으로 증가하였으며, 긍정
시나리오는 2015년부터 보다 큰 폭으로 증가하였다. 반면, 부정 시
나리오는 2030년까지 증가폭이 완만하다가 거의 변화가 없었다.

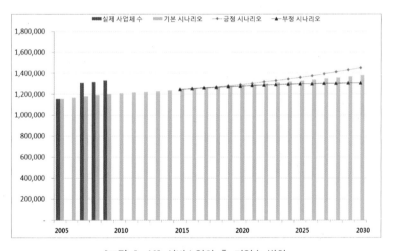

[그림 5-10] 서비스업의 총 기업수 변화

---

56) 2010년을 기준으로 전체사업체 중 서비스업의 점유 비율은 **86.8%**를 나타내고 있다(그
　림 3-3 참조).

마지막으로 건설업의 총 사업체수 변화는 [그림 5－11]과 같다. 건설업의 총 사업체수 변화는 2015년까지 서서히 증가하다가 그 이후부터 지속적으로 총 사업체수가 감소하였다. 시나리오별 분석 결과, 긍정 시나리오에서 기본 시나리오보다 총 사업체수가 더 감소하였으며, 부정 시나리오에서는 기본 시나리오보다 총 사업체수가 증가하였다. 이와 같은 시뮬레이션 결과는 과거 경기가 침체될 때 건설업에 대한 정책적 지원이 학습된 결과로 판단된다.[57]

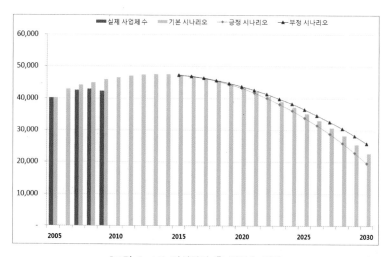

[그림 5-11] 건설업의 총 기업수 변화

2) 산업유형별 신규 및 소멸 기업수 시뮬레이션 결과

산업 유형별로 제조업과 서비스업, 건설업에서 신규로 설립되는 사업체수와 소멸되는 사업체수를 추정하였다. 제조업과 서비스업,

---

57) 이와 같은 해석은 이 연구 결과만으로 해석하기에는 무리일 수 있으나, [표 3－4]의 산업유형별 사업체수 변화에서 건설업은 글로벌 경기침체가 있었던 2008년에 오히려 증가한 것을 근거로 판단하였다.

건설업의 신규 및 사업체수 추정 결과와 실제 사업체수와의 비교를 통해 정산하면, 2008년을 제외하고 유사하게 나타났다. 이는 2008년 글로벌 경제 침체로 전 산업에 걸쳐서 영향을 받아 예측 오차가 크게 나타난 것으로 분석된다. 제조업의 신규 사업체수는 2010년부터 2030년까지 점차 감소하였으며, 2015년부터 시나리오를 적용하였을 경우, 신규 기업수가 긍정 시나리오는 기본 시나리오보다 높았으며, 부정 시나리오는 기본 시나리오보다 낮게 나타났다(그림 5-12 참조).

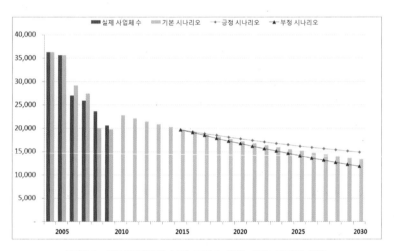

[그림 5-12] 제조업의 신규 기업수 변화 예측 결과와 정산

제조업의 소멸 사업체수는 2010년부터 2030년까지 감소폭이 매우 낮게 서서히 감소하였다. [그림 5-12]의 신규 사업체수의 감소폭보다 소멸 기업의 감소폭이 낮아서 제조업의 총 사업체수가 전체적으로 감소한 것을 알 수 있다. 2015년부터의 시나리오 적용 결과는 긍정 시나리오에서 오히려 소멸 사업체수의 변화가 거의 없었으

며, 부정 시나리오에서 감소폭이 기본 시나리오보다 크게 나타났다
(그림 5－13 참조).

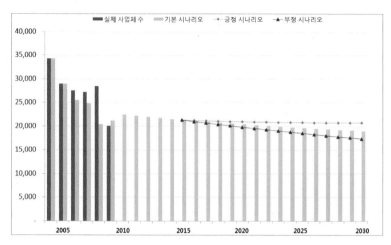

[그림 5－13] 제조업의 소멸 기업수 변화 예측 결과와 정산

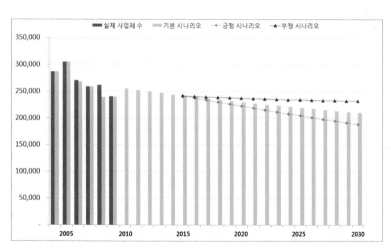

[그림 5－14] 서비스업의 신규 기업수 변화 예측 결과와 정산

서비스업의 신규 사업체수의 변화는 2030년까지 전반적으로 감소
하였다. 그러나, 2015년부터 긍정과 부정 시나리오 적용 결과는 부
정 시나리오에서 오히려 신규 기업의 증가 감소폭이 완만하게 바뀌
었다. 긍정 시나리오는 기본 시나리오보다 오히려 더 감소폭이 증가
되었다. 서비스업의 소멸 사업체수 변화도 신규 사업체수 변화와 유
사하게 나타났으며 [그림 5 – 15]와 같다.

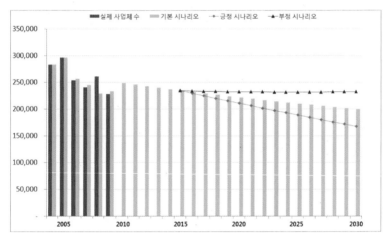

[그림 5-15] 서비스업의 소멸 기업수 변화 예측 결과와 정산

건설업의 신규 사업체수의 변화는 2010년부터 2030년까지 급격
하게 감소하였다. 이는 건설업의 사업체수 추정 회귀식의 유의성이
낮아서 발생한 잘못된 추정 결과라 할 수 있다. 또한 2004년부터
2009년까지 신규 사업체수의 감소폭이 매우 커서 나타나는 결과라
할 수 있다. 2015년부터 시나리오를 적용한 결과 부정 시나리오가
기본 시나리오보다 높았으며, 반대로 긍정 시나리오는 낮았다(그림

5 - 16 참조). 소멸 사업체수 추정 결과도 동일한 패턴으로 나타났다
(그림 5 - 17 참조).

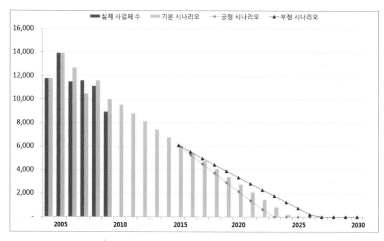

[그림 5-16] 건설업의 신규 기업수 변화 예측 결과와 정산

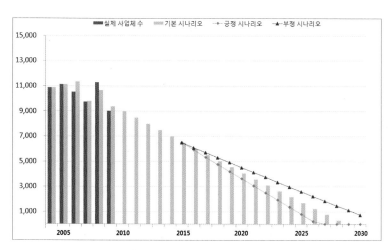

[그림 5-17] 건설업의 소멸 기업수 변화 예측 결과와 정산

2. 기업입지모델 시뮬레이션 결과

기업통계모형을 기반으로 지역 간 기업의 이동을 고려하여 기업
이동모형을 연동하였으며 각 지역별/산업별 사업체수를 시뮬레이션
하였다. 단 기업입지모형은 수도권 토지이용 – 교통모델과의 연동을
기반으로 구상하였으나, 모델의 부재로 교통모델과의 연동을 초기값
으로 고정시킨 한계를 갖는다. 따라서 분석 결과의 정확한 수치보다
는 전체적인 패턴변화와 시나리오별 비교 분석을 중심으로 분석하
였다.

분석 결과를 수도권의 시군구단위를 기준으로 GIS 도면과 서울,
인천, 경기로 구분된 방사형 그래프로 기업수 변화를 표현하였다.
방사형 그래프의 점선은 2005년 기준연도의 사업체수를 의미하며,
외곽으로 점차 확장될수록 기업수가 증가함을 의미한다. 5년 단위
로 2010년, 2015년, 2020년, 2025년, 2030년을 회색부터 점차 진한
선으로 구분하였으며, 기본 시나리오의 최종 2030년은 검은 실선
(—)으로 나타내었다. 긍정과 부정 시나리오에 대한 2030년 예측 결
과는 각각 녹색 파선(– – –)과 붉은색 1점 쇄선(– · –)으로 구분
하여 표현하였다. 그래프의 모든 선 내부 면적은 총 기업수를 의미
한다.[58]

1) 지역별 전체산업 사업체수 변화 시뮬레이션 결과

서울시는 전체적으로 대부분의 지역에서 사업체수가 증가하였다.

---

58) 본 단락에서는 전체산업 유형에 대한 사업체수 변화 분석 결과를 기술하였으며, 산업유
형별 분석 결과는 [부록 4]에 첨부하였다.

강남과 중구에서는 사업체수가 감소하고, 강동구, 서초구, 강서구, 노원구, 중랑구 등에서는 거의 변화가 없었다. 이는 모델에서 강남과 중구지역이 가지고 있는 지역적 입지특성을 반영하지 못한 결과라 할 수 있다. 또한, 시나리오별로 사업체수의 증감이 각각 다르게 나타났다(그림 5 – 18 참조).

이와 같은 분석 결과는 기존에 강남구와 중구의 교통여건과 같은 입지 여건이 다른 구에 비해 양호하지만, 사업체수의 차이만큼의 입지여건의 차이가 나지 않는 것으로 볼 수 있다. 따라서 모델에서는 강남구와 중구의 사업체가 점차 용산구, 성동구, 서대문구, 동작구 등으로 이동하여 서울시 전체의 사업체수의 입지 패턴이 전체적으로 균등하게 변하였다. 긍정과 부정의 시나리오를 적용하였을 경우 서울시 전체적인 입지패턴의 변화는 없었다. 이는 GRDP변화에 대한 시나리오로 서울시의 각 구간의 사업체수 입지변화 차이를 비교하기에 한계가 있음을 의미한다. 따라서 각 구의 오피스 개발과 같은 토지이용 계획, 지하철 및 버스 등의 교통 시설 계획 등을 반영하여 각 시나리오를 구축해야 시나리오별 지역 간의 입지분포 패턴의 차이가 보다 명확하게 나타날 것이다.

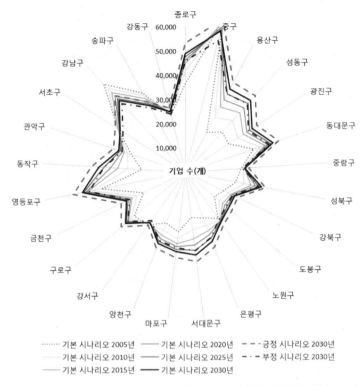

········ 기본 시나리오 2005년   ────── 기본 시나리오 2020년   ─ ─ ─ 긍정 시나리오 2030년
────── 기본 시나리오 2010년   ────── 기본 시나리오 2025년   ─ · ─ 부정 시나리오 2030년
────── 기본 시나리오 2015년   ────── 기본 시나리오 2030년

[그림 5-18] 서울시 기업입지변화 장기 시뮬레이션 결과(전체 산업)

인천시는 전체적으로 사업체수가 감소하였으며 지역적으로 2005년
에는 부평구와 남동구에 집중되어 있던 산업이, 2030년에는 계양구
와 동구에 집중되었다. 특히, 계양구의 사업체수 증가가 두드러졌으
며, 시나리오별로 큰 차이를 타나내지 않았다. 반면, 옹진군과 강화군
은 2005년과 2030년이 동일하게 저조하여 변화가 없었다(그림 5-19
참조). 이는 인천시의 계양구가 서비스업의 입지효용이 높음에도 기
준연도에 상대적으로 적은 사업체수가 입지해 있음을 알 수 있다.
또한 시뮬레이션이 진행되면서 서비스업의 입지효용이 높은 계양구로[59]의 새로 입지하거나 이동하는 사업체수가 집중되면서 큰 폭으로 사업체수가 증가한 것을 알 수 있다. 반면, 남동구는 서비스업의 입지효용과 비교해서 상대적으로 많은 사업체가 입지해 있었으나, 모델이 작동하면서 인근 지역으로 이동하였다. 제조업의 입지효용은 남동구가 높기 때문에 남동구의 제조업 사업체수는 오히려 증가하였다(그림 부록-40 참조).

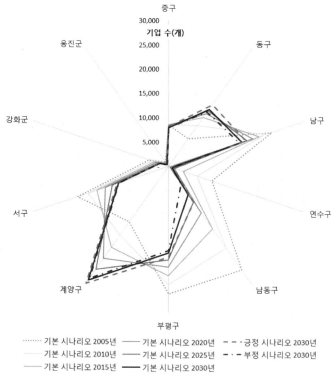

[그림 5-19] 인천시 기업입지변화 장기 시뮬레이션 결과(전체 산업)

---

59) [그림 4-15]의 서비스업 입지효용에서 인천시의 계양구는 노란색의 입지효용으로 상대적으로 높다.

경기도는 전체적으로 사업체의 입지분포 패턴의 변화는 없었다. 전체 사업체수는 점차 감소하였으며, 수원, 성남, 안양, 부천에 집중되어 있던 사업체수가 2030년에도 그 수준을 유지하거나 다소 증감하였다. 반면, 포천, 양주, 화성, 파주, 시흥시, 단원구 등의 지역에서는 사업체수가 지속적으로 감소하였으며, 구리시와 소사구, 오정구, 광명시에서는 사업체수가 증가하였다(그림 5-20 참조).

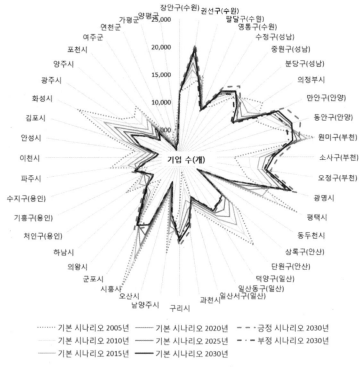

[그림 5-20] 경기도 기업입지변화 장기 시뮬레이션 결과(전체 산업)

2) 산업유형별 수도권 기업수 변화 시뮬레이션 결과

보다 거시적인 차원에서 기업의 입지변화 패턴을 보기 위해 수도권 전체에서의 산업유형별 사업체수의 변화에 대한 시뮬레이션 결과는 [그림 5-21, 22, 23, 24]와 같다. 긍정과 부정의 시나리오는 기본 시나리오와 큰 차이가 없어 기본 시나리오에 대한 결과만 도출하였으며, 전체산업과 제조업, 서비스업, 건설업 순서로 분석하였다.

전체산업에서는 2005년 서울을 중심으로 서울근교와 인천, 평택, 화성 등의 지역에 확산되어 있던 기업들이 2030년으로 갈수록 서울로의 집중이 강화되는 패턴으로 나타났다(그림 5-21 참조). 이를 각 제조업과 서비스업, 건설업으로 구분해서 살펴보면 다음과 같다. 제조업은 2005년 부천, 인천, 안산, 화성시를 중심으로 수도권 외각에 확산되어 있었으며, 서울시에서는 점차 감소하고 경기도 전체적으로도 감소하였다. 2030년에는 인천 남동구와 경기도 화성시에 집중되어 입지하였다(그림 5-22 참조). 서비스업은 전체산업과 마찬가지로 2005년 서울을 중심으로 수도권 남서부에 확산되어 있던 기업들이, 2030년으로 갈수록 점차 서울로의 집중이 강화되었다(그림 5-23 참조).

건설업은 전체적으로 기업수가 감소하면서 기준연도인 2005년에 서울과 수도권 전역에 확산되어 있던 기업이 점차 적어졌다. 2030년에는 매우 적은 수의 건설업 기업이 서울 강남 3구와 화성시, 평택시에 입지한 것으로 나타났다(그림 5-24 참조).

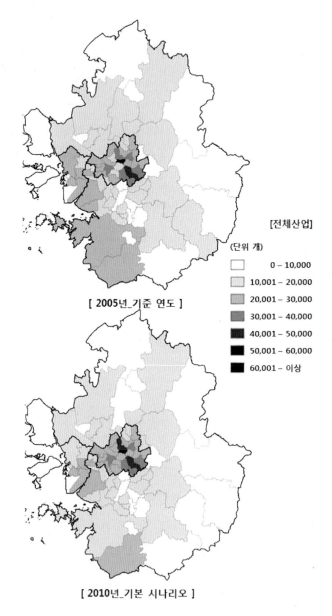

[전체산업]

(단위 개)

☐	0 - 10,000
☐	10,001 - 20,000
☐	20,001 - 30,000
■	30,001 - 40,000
■	40,001 - 50,000
■	50,001 - 60,000
■	60,001 - 이상

[2005년_기준 연도]

[2010년_기본 시나리오]

[그림 5-21] 전체산업 수도권 기업입지변화 시뮬레이션 결과(1)

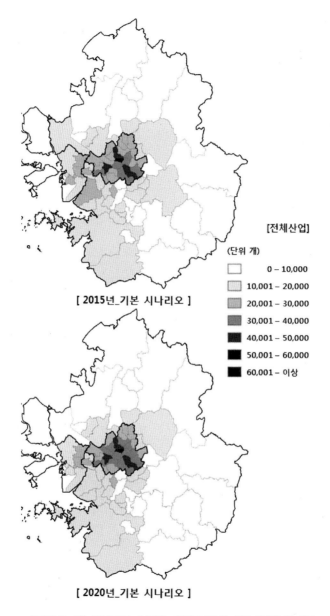

[전체산업]

(단위 개)

	0 – 10,000
	10,001 – 20,000
	20,001 – 30,000
	30,001 – 40,000
	40,001 – 50,000
	50,001 – 60,000
	60,001 – 이상

[2015년_기본 시나리오]

[2020년_기본 시나리오]

[그림 5-22] 전체산업 수도권 기업입지변화 시뮬레이션 결과(2)

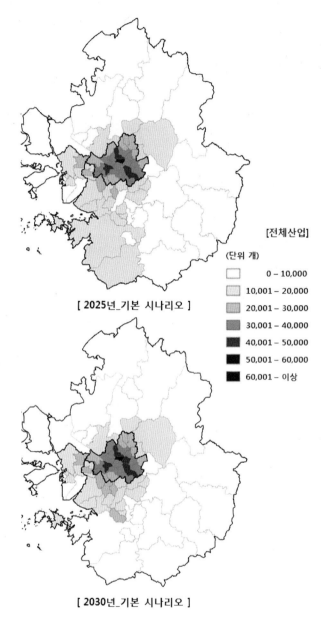

[2025년_기본 시나리오]

[전체산업]

(단위 개)

☐ 0 – 10,000
▨ 10,001 – 20,000
▨ 20,001 – 30,000
▨ 30,001 – 40,000
▨ 40,001 – 50,000
■ 50,001 – 60,000
■ 60,001 – 이상

[2030년_기본 시나리오]

[그림 5-23] 전체산업 수도권 기업입지변화 시뮬레이션 결과(3)

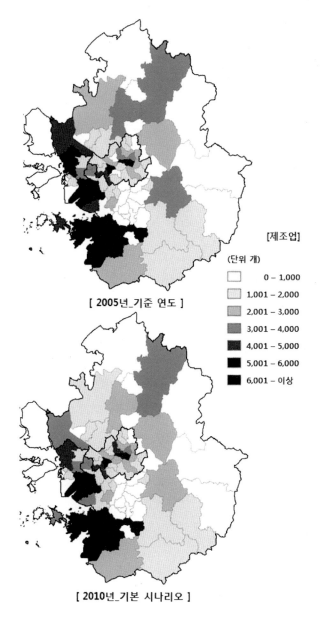

[제조업]

(단위 개)

☐ 0 - 1,000
☐ 1,001 - 2,000
☐ 2,001 - 3,000
☐ 3,001 - 4,000
■ 4,001 - 5,000
■ 5,001 - 6,000
■ 6,001 - 이상

[2005년_기준 연도]

[2010년_기본 시나리오]

[그림 5-24] 제조업 수도권 기업입지변화 시뮬레이션 결과(1)

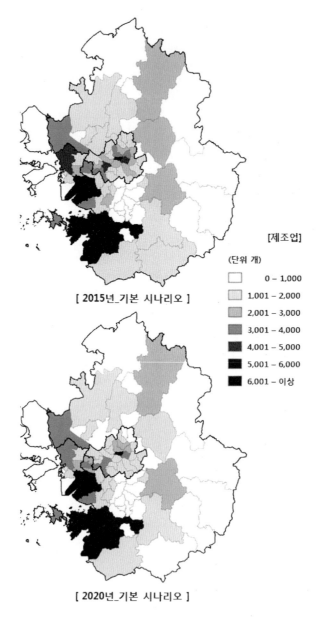

[제조업]

(단위 개)

☐ 0 – 1,000
☐ 1,001 – 2,000
☐ 2,001 – 3,000
☐ 3,001 – 4,000
☐ 4,001 – 5,000
☐ 5,001 – 6,000
■ 6,001 – 이상

[2015년_기본 시나리오]

[2020년_기본 시나리오]

[그림 5-25] 제조업 수도권 기업입지변화 시뮬레이션 결과(2)

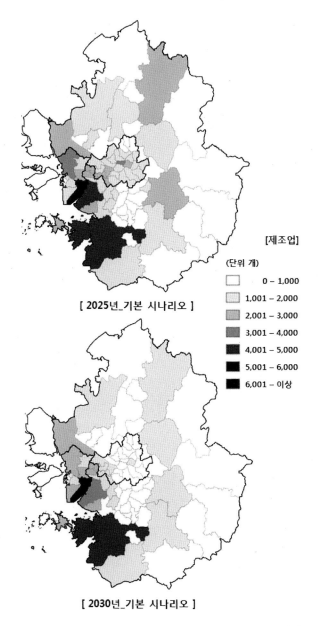

[제조업]

(단위 개)

- 0 – 1,000
- 1,001 – 2,000
- 2,001 – 3,000
- 3,001 – 4,000
- 4,001 – 5,000
- 5,001 – 6,000
- 6,001 – 이상

[2025년_기본 시나리오]

[2030년_기본 시나리오]

[그림 5-26] 제조업 수도권 기업입지변화 시뮬레이션 결과(3)

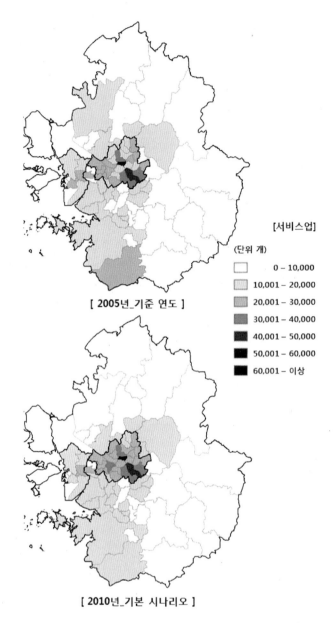

[2005년_기준 연도]

[서비스업]

(단위 개)

☐	0 – 10,000
☐	10,001 – 20,000
☐	20,001 – 30,000
☐	30,001 – 40,000
☐	40,001 – 50,000
☐	50,001 – 60,000
☐	60,001 – 이상

[2010년_기본 시나리오]

[그림 5-27] 서비스업 수도권 기업입지변화 시뮬레이션 결과(1)

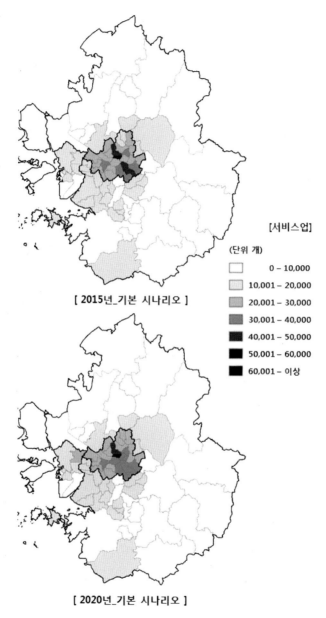

[서비스업]

(단위 개)

- [ ] 0 – 10,000
- 10,001 – 20,000
- 20,001 – 30,000
- 30,001 – 40,000
- 40,001 – 50,000
- 50,001 – 60,000
- 60,001 – 이상

[2015년_기본 시나리오]

[2020년_기본 시나리오]

[그림 5-28] 서비스업 수도권 기업입지변화 시뮬레이션 결과(2)

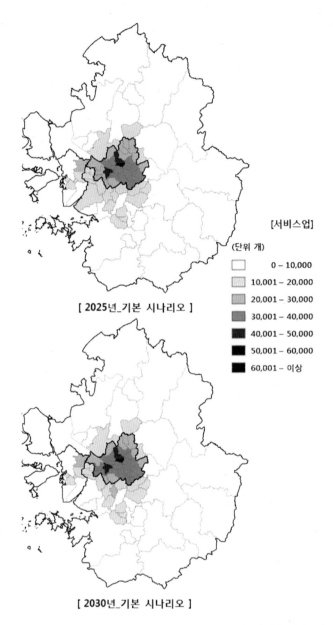

[서비스업]

(단위 개)

- ☐ 0 – 10,000
- ☐ 10,001 – 20,000
- ☐ 20,001 – 30,000
- ☐ 30,001 – 40,000
- ☐ 40,001 – 50,000
- ☐ 50,001 – 60,000
- ☐ 60,001 – 이상

[2025년_기본 시나리오]

[2030년_기본 시나리오]

[그림 5-29] 서비스업 수도권 기업입지변화 시뮬레이션 결과(3)

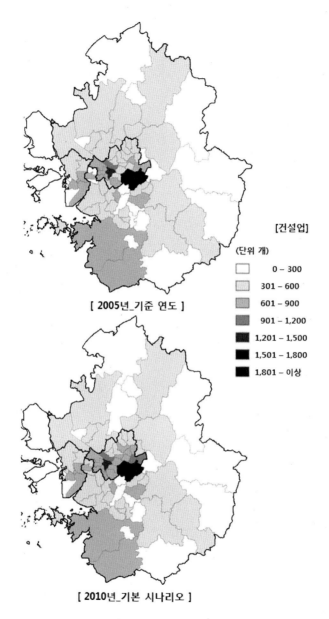

[건설업]

(단위 개)

☐ 0 – 300
☐ 301 – 600
☐ 601 – 900
☐ 901 – 1,200
■ 1,201 – 1,500
■ 1,501 – 1,800
■ 1,801 – 이상

[2005년_기준 연도]

[2010년_기본 시나리오]

[그림 5 – 30] 건설업 수도권 기업입지변화 시뮬레이션 결과(1)

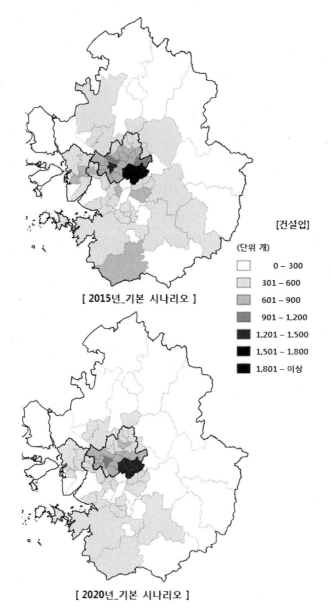

[건설업]

(단위 개)

☐	0 – 300
☐	301 – 600
☐	601 – 900
☐	901 – 1,200
☐	1,201 – 1,500
☐	1,501 – 1,800
■	1,801 – 이상

[2015년_기본 시나리오]

[2020년_기본 시나리오]

[그림 5-31] 건설업 수도권 기업입지변화 시뮬레이션 결과(2)

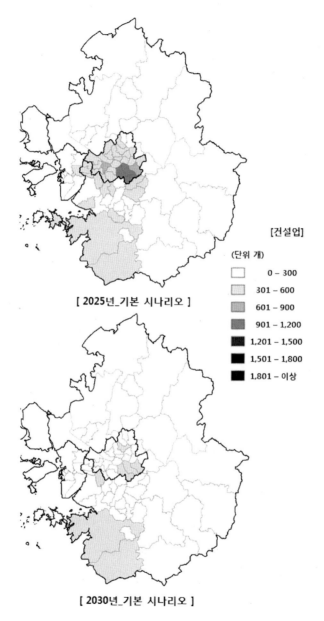

[건설업]

(단위 개)

☐ 0 – 300
☐ 301 – 600
☐ 601 – 900
☐ 901 – 1,200
■ 1,201 – 1,500
■ 1,501 – 1,800
■ 1,801 – 이상

[2025년_기본 시나리오]

[2030년_기본 시나리오]

[그림 5-32] 건설업 수도권 기업입지변화 시뮬레이션 결과(3)

제3절 소결

·이상에서와 같이, 수도권의 시군군 단위를 대상으로 장기적인 기업의 통계와 입지변화를 시뮬레이션하여 결과를 도출하였다. 각 분석 결과에 대한 자세한 내용은 앞 절에서 기술하였으므로, 본 절에서는 시뮬레이션을 통해 도출한 기업입지모델의 활용 가능성을 중심으로 기술하였다.

첫째, 향후 경제변화에 대한 보다 정확한 예측을 기반으로 시나리오를 구축한다면, 보다 정확성이 높은 거시적인 기업입지모델로의 발전이 가능하다. 시뮬레이션 결과에서 2005년부터 2009년까지 기업의 신규 및 소멸 사업체수를 예측한 결과가 2008년을 제외하고는 실제와 매우 유사하게 나타났다. 이는 GRDP와 구조변화의 두 외생변수로 기업의 생성과 소멸 수를 예측할 수 있음에 대한 가능성으로 볼 수 있다. 따라서 두 외생변수에 대한 장기적인 변화에 대한 예측이 된다면, 보다 정확한 기업통계의 장기예측 결과를 도출할 수 있을 것으로 기대된다.

둘째, 각 산업의 성장 정책을 다양한 시나리오로 개발하여 시뮬레이션하고 정책 시나리오별 결과를 비교 분석할 수 있음을 확인하였다. 각 산업의 GRDP변화를 2015년부터 기존 추세와 긍정, 부정의 시나리오로 변화를 주어 2030년에 대한 시뮬레이션 결과 각 시나리오별로 다른 결과가 도출되었다. 비록, 건설업의 경우 오차가 큰 결과가 도출되었으나, 제조업과 서비스업은 의미 있는 결과라 할 수 있다. 따라서, 건설업 회귀함수의 설명력을 높인다면, 다양한 산업

정책의 시뮬레이션이 가능할 것으로 기대된다.

셋째, 각 지역별로 기업의 증감과 이동으로 지역 산업의 성장과 쇠퇴에 대한 시뮬레이션이 가능함을 확인하였다. 일부지역에서는 극단적으로 감소하거나 증가하는 시뮬레이션 결과가 도출되었으나, 전체적으로 지역별로 사업체수 변화 패턴을 확인할 수 있었다. 이와 같은 결과는 장기적인 도시공간구조에서의 기업입지변화 패턴을 장기적으로 예측할 수 있는 가능성을 확인한 것이라 할 수 있다.

제5장

결론

제1절 연구의 요약과 결론

이 연구는 수도권의 장기적인 기업입지변화를 예측할 수 있는 토지이용–교통모델 기반의 기업입지 모델을 구축하고 시뮬레이션의 가능성을 검토하는 것을 연구 목표로 하였다. 연구 목표를 기반으로 연구를 구성하였으며 관련이론과 선행연구를 검토하여 분석의 틀을 구축하였다. 1장을 제외한 연구의 구성단위로 구분하여 연구를 요약하면 다음과 같다.

2장에서는 관련이론과 선행연구를 검토를 중심으로 분석의 틀을 구축하였다. 관련이론 검토에서는 기업의 성장과 쇠퇴와 관련된 이론을 통해 기업의 고용 규모별로 성장과 쇠퇴 확률에 대한 이론적 근거를 제시하였다. 또한 기업입지 및 입지선택 관련이론에서는 다양한 산업 유형별 입지 이론을 검토하여 모델에서 사용되는 입지요인 변수의 이론적 근거를 제시하였다. 도시공간구조이론에서는 도시공간구조에서 기업의 입지와 변화가 매우 중요한 요소임을 확인하였고, 장기적인 도시공간구조변화는 토지이용과 교통의 상호작용을 기반으로 구축되어야 함을 결과로 도출하였다.

국내·외 기업입지모델과 관련된 선행연구를 검토하여 5개 부문의 16개의 기업입지요인변수를 도출하여 모델에 적용하였다. 국내 기업입지모델에 대한 실태를 파악한 결과, 최근에서 토지이용과 교통의 상호작용을 기반으로 국내 모델 개발에 대한 시도가 있었으나, 국내 기업의 통계와 이동 특성을 반영하고자 한 연구는 없었다. 따라서 본 연구의 필요성을 확인할 수 있었다. 반면, 외국에서는 과거부터 다양한 모델이 개발되어 활용되고 있었으며, 그중 6개의 모델을 검토하여 본 연구에서 구축하고자 하는 기업입지모델의 구조를 구축하는 데 적용하였다. 구체적으로 토지이용과 교통의 상호작용을 기반의 집계된 데이터 모델이며 그리고 각 세부모델과 다양한 하위 모델로 구성하는 구조로 구축하였다.

3장에서는 국내 기업입지모델에서 필요한 다양한 계수를 찾고자 국내 수도권 기업의 통계와 입지변화를 분석하였다. 분석 결과 기업의 성장과 쇠퇴에 영향을 미치는 외부영향 요인으로 GRDP와 구조변화 변수를 선택하였으며, 기업의 생성과 소멸에서 고용자수 규모와 연령에 따라서 다르게 나타남을 확인하였다. 기업의 입지변화에서는 재입지 기업들의 입지선택 요인을 도출하였으며, 이동 거리에 대해 거리 감쇄가 지수함수 형태로 있음을 확인하였다. 또한, 고용자수의 규모와 연령에 따라서 이동 빈도가 다르게 나타남을 도출하였다. 이와 같은 국내 기업의 다양한 통계 및 이동 특성을 계수로 하여 모델 개발에 적용하였다.

4장에서는 2장에서 구축한 기업입지모델의 구조를 기반으로 3장에서의 국내 기업의 통계와 이동 특성을 계수로 반영하여 국내 기업 입지모델을 개발하였다. 국내 기업입지모델은 자체적으로 독립적인 모델이기보다는 토지이용－교통 통합모델의 하위 모델로 구축하였으며, 따라서 토지이용과 교통과의 상호작용을 기반으로 한다. 기업 입지모델은 비공간적인 시뮬레이션인 기업통계모델과 공간적인 시뮬레이션인 기업입지모델로 구성된다.

기업통계모델에서는 확률선택모형을 활용한 기업의 성장/쇠퇴 모형과 선형회귀모형을 활용한 생성/소멸 모형의 하위 모형을 포함하고 있으며, 기업입지모형에서는 연평균 이동 빈도를 이용한 이동확률모형과 다항로짓모형을 이용한 기업입지선택모형의 하위 모형을 포함하고 있다. 각각의 하위 모형에 대한 정의와 모형 간의 연계를 통해 전체 모델을 개발하였으며, 기업의 성장/쇠퇴 모형에 대한 검증을 통해 모델의 정확성을 높이고자 하였다. 단, 건설업의 경우 초기 회귀모델에서부터 유의미하지 않은 계수가 지속적으로 반영되면서 전반적으로 오차가 크게 나타났으며, 이는 향후 개선될 사항이다.

5장에서는 4장에서 개발한 기업입지모델을 기반으로 실제 데이터 기반으로 장기적인 시뮬레이션이 가능한지에 대해 검토하고자 시뮬레이션을 하였다. 2005년을 기준연도로 2030년의 제조업과 서비스업, 건설업의 사업체수 변화와 입지분포 패턴 변화를 예측하였으며, 2010년까지의 실제 데이터와 비교하여 모델의 정확성을 검증하였다. 분석 결과, 2008년을 제외하고 신규 및 소멸 사업체수가 전반적으로 유사하게 나왔으며, 2030년에 대한 장기 시뮬레이션의 가능성도 확인할 수 있었다. 또한, 경제상황에 대해 GRDP의 변화를 긍정과 부정의 시나리오로 구분하여 각각의 시뮬레이션한 결과 서로 다른 결과를 도출하였으며, 이는 시나리오별 시뮬레이션의 가능성을 확인한 것이라 할 수 있다.

제2절 연구의 의의와 활용

현재 우리나라는 도시 차원에서 교통부문의 탄소와 에너지 소비를 저감시키려는 다양한 노력이 이어지고 있다. 도시교통에서 탄소와 에너지 소비를 효율적으로 줄이기 위해서는 기업의 입지가 매우 중요함에도 불구하고, 기업 부분의 거시적인 변화를 시뮬레이션할 수 있는 기업입지모델은 없는 실정이다. 또한, 국내·외적인 경기 침체가 지속되고 있는 상황에서 수도권의 각 지자체는 민간에서의 개발에 의지하여 상호 경쟁적으로 대형 오피스와 산업단지를 건설하고 있다. 이와 같은 현상의 지속은 대규모 공실의 우려를 안고 있을 뿐만 아니라 도시공간구조의 변화로 더 많은 교통부문의 탄소와 에너지 소비를 유발할 수 있다.

따라서 거시적이고 장기적인 기업의 입지변화를 예측할 수 있는 국내의 기업입지모델을 개발하여, 다양한 도시정책과 지역 산업육성 정책을 시뮬레이션하고 보다 지속 가능한 발전할 수 있는 정책 대안을 선택해야 한다.

이 연구에서는 장기적이고 거시적인 수도권의 기업입지변화를 시뮬레이션할 수 있는 기업입지모델을 개발하였으며 시나리오를 구성하여 시나리오별 장기예측 결과를 비교 분석하였다. 비록 아직 초기

모델로 개발되어 부분적인 오류와 보완 사항이 있음에도 불구하고 이 연구의 의의와 활용은 다음과 같이 요약될 수 있다.

첫째, 도시공간구조관점에서 기업의 입지와 이동에 대해 부분적인 모델 연구가 진행되었던 국내 연구의 단계를 외국의 기업입지모델의 단계로 발전시킨 의미를 갖는다. 비록, 아직 초기단계의 모델로 부분적인 설명력과 최종 시뮬레이션의 결과값이 포괄하는 시사점은 낮지만, 토지이용－교통모델을 기반으로 기업의 동태적인 변화를 장기적으로 시뮬레이션할 수 있는 국내 기업입지모델의 초기 모델개발은 그동안 부분적으로 진행된 국내 기업입지의 연구를 하나의 관점에서 통합하였다. 이는 향후 보다 발전된 국내 기업입지모델 개발을 위한 첫 과정으로 볼 수 있다.

둘째, 기업의 장기적인 입지변화를 예측하기 위해 기업을 기업통계(firmography) 관점에서 접근하여 수도권 기업의 생성과 소멸, 성장과 쇠퇴 특성을 도출하고 이를 모델로 구축한 의미를 갖는다. 기업통계(firmography) 관점의 접근은 그동안 개별 기업의 다양한 특성 때문에 장기적인 시뮬레이션이 어렵다는 연구 한계를 극복할 수 있는 대안으로 볼 수 있으며, 국외 모델에서도 이 개념을 중심으로 시뮬레이션이 이루어짐을 확인하였다. 따라서 외국에서 활용되고 있는 기업통계에 대한 새로운 관점을 국내에 적용시키고 발전시켰다고 할 수 있다.

셋째, 외국의 집계데이터 기반 기업입지모델에서 반영하지 못한 기업의 고용규모와 연령의 특성을 국내 기업입지모델 개발에 반영하여 국외 기업입지모델과의 차별성을 갖추었다. 이는 마이크로 데이터 기반 기업입지모델의 장점인, 보다 개별 기업의 특성을 반영할 수 있는 장점을 집계데이터 기반 모델에 응용하여 적용한 것으로 볼 수 있다. 기업의 고용규모와 연령이 통계변화와 이동에 미치는 영향을 통계적 함수 형태로 나타남을 밝혔으며, 이를 활용하여 각 고용규모와 연령을 기준으로 차등적인 계수를 반영하였다.

넷째, 이 연구에서 구축한 기업입지모형을 활용하여 시나리오별로 장기적인 시뮬레이션을 하고 각 지역별 기업수의 변화 패턴을 분석한 의미를 갖는다. 이는 지자체가 다양한 산업정책과 경기 변화를 거시적이고 장기적인 관점에서 시뮬레이션함으로써, 민간에서 무분별한 대규모 오피스 및 산업단지 개발을 모니터링할 수 있다. 비록, 이 연구의 시뮬레이션 결과의 기업체수, 자체의 의미는 낮지만 전체적인 패턴 변화에 대한 시뮬레이션 분석 가능성을 확인하였다는 데 더 큰 의미가 있다. 보다 정교한 모델로 개선된다면, 해당 지자체의 산업 정책과 지역경제 안정을 도모하고 지속 가능한 발전을 위한 자료로 활용될 수 있을 것으로 기대된다.

제3절 연구의 한계점 및 과제

이 연구에서 구축한 기업입지모델은 다음과 같은 한계를 갖는다.

첫째, 토지이용－교통 통합모델과의 연동을 기반으로 구상하였으나, 시뮬레이션에서는 기준 연도인 2005년만을 연동하여 온전한 토지이용－교통 통합모델 기반의 기업입지모형을 구축하였다고 할 수는 없다. 이는 거시적이고 장기적인 기업의 입지변화를 예측함에 있어서 교통량의 변화가 지속적으로 반영되지 못하는 한계를 갖는다. 따라서 분석 결과를 전체적인 패턴 변화 관점에서만 해석하였다.

둘째, 건설업의 경우 초기 회귀 모델에서 통계적으로 유의미하지 않았던 결과가 최종 시뮬레이션까지 반영되면서 실제와의 차이가 큰 결과가 도출되었다. 이 연구에서는 산업의 유형 중 제조업과 서비스업, 건설업을 중심으로 특성을 분석하고 모델로 구축하였다. 그러나, 건설업의 2004년부터 2009년까지의 생성, 소멸 자료와 2006년부터 2011년까지의 이동 자료에서 그 특성이 일관되지 않고 표준편차가 크게 나타났다. 이는 자료 수집 기간에서 통계적으로 유의미한 특성이 도출되지 않은 것으로, 향후 관련 자료를 추가하여 보완이 필요하다.

셋째, 시나리오의 작성 과정이 단순한 한계를 갖는다. 이 연구에서는 수도권의 장기적인 기업입지변화에 대해 기존 추세를 기준으로 보다 긍정적일 경우와 부정적일 경우로 구분하여 작위적으로 시나리오를 작성하였다. 이는 시나리오 간의 분석 결과 차이를 분석하려는 연구자의 의도였으나, 거시적이고 장기적인 변화를 시뮬레이션하기 위해서는 다양한 국내·외적인 경제 상황을 분석하여 미래에 대해 보다 정교한 시나리오가 만들어져야 한다.

이와 같은 연구의 한계를 보완하기 위해서는 토지이용-교통모델 기반의 수도권 통합모델 개발이 필요하며, 지속적인 관련 데이터 수집을 통해 하위 모델을 개선하고 또한, 경제성장예측 모듈과 같은 하위 모델이 지속적으로 연구되고 추가되어야 한다. 이를 통해 다양한 도시공간구조 개발 정책과 지역별 산업 정책 대안을 시뮬레이션한다면, 각 대안별 장기예측 결과값을 비교하여 정책결정자로 하여 금 보다 정책의도와 방향에 맞는 효과적인 정책을 선택할 수 있는 분석 자료로 활용될 수 있다.

□ 참고문헌

● 국내문헌

◦ 단행본

- 공간정보솔루션랩, 2008, DELTA +OmniTRANS 매뉴얼, 서울시립대학교, 서울.
- 김태경·박헌수·권대한, 2008, 도시성장관리모형 구축을 위한 기초연구, 정책연구 2008-66, 경기개발연구원, 경기도.
- 남영우, 2007, 도시공간구조론, 법문사, 경기도.
- 문태훈, 2007, 시스템사고로 본 지속가능한 도시, 집문당, 파주.
- 박완규 외, 2000, 기초계량경제학, 제3판, 진영사, 서울시.
- 서동기, 2005, 부동산학개론, 부연사, 서울.
- 수도권광역경제발전위원회, 2012, 기업의 입지결정 요인에 대한 설문조사 보고서, 월드리서치, 서울시.
- 안홍기 외, 2010, 국토정책 시뮬레이션 모형의 구축 연구(I), 국토연 2010-22, 국토연구원, 안양.
- 양재섭, 2004, 서울 대도시권의 업무공간 입지변화 분석 연구, 연구보고서, 서울시정개발연구원, 서울.
- 이학식·임지훈, 2011, SPSS 18.0, 집현재.
- 이호병, 2011, 부동산 입지분석론, 형설출판사, 서울.
- 최병호 외, 2006, 공간적 접근법을 이용한 도시 및 지역경제학, (주)시그마프레스, 서울.

◦ 논문

- 고주연, 2011, "교통시설 연동 인구배분모델 개발 연구", 서울시립대학교 도시공학과 박사학위논문, 서울.
- 김경민·박정수, 2009, "서울 오피스 시장의 임대료 조정 메커니즘: 자연공실률과 실질임대료 관계를 중심으로", 국토연구, 제62권, 안양, 223~233쪽.
- 김경민·김준형, 2010, "연립방정식을 활용한 오피스시장 예측모형", 국토계획, 제45권 제7호, 대한국토도시계획학회, 서울, 21~29쪽.
- 김상문, 2011, "생존분석을 이용한 중소기업 부실예측과 생존시간 추정", 중소기업금융연구, 신용보증기금, 서울.
- 김의준·김용환, 2006, "서울시 오피스 임대료 결정요인의 변화분석", 지역

연구, 제22권 2호, 한국지역학회, 서울, 79~96쪽.

-도화용·이용택, 2008, "이항로짓모형을 이용한 수도권 기업의 재입지 선택
에 대한 실증분석", 서울도시연구, 제9권 제4호, 서울시정개발연구원,
서울, 131~144쪽.

-문남철, 2006, "수도권기업 지방이전 정책과 이전기업의 공간적 패턴", 지리
학연구, 제40권 제3호, 한국지역학회, 서울, 353~366쪽.

-백태경·최정미, 2006, "GIS DB를 이용한 상업·업무시설의 입지 포텐셜 분석",
한국지리정보학회지, 제9권 제1호, 한국지리정보학회, 경남, 149~157쪽.

-성효종, 2000, "기업성장률과 규모 및 나이에 관한 실증연구: 한국제조업체를
대상으로", 산업조직연구, 제8집 2호, 한국산업조직학회, 서울, 71~85쪽.

-손정렬, 2011, "새로운 도시정상 모형으로서의 네트워크 도시-형성과정, 공
간구조, 관리 및 성장전망에 대한 연구 동향-", 대한지리학회지, 제46
권 제2호, 대한지리학회, 서울, 181~196쪽.

-오동훈, 2000, "규범적 상업입지이론으로서의 중심지이론과 중심성 측정에
관한 소고", 도시행정학보, 제12집, 도시행정학회, 서울, 235~249쪽.

-유선철, 2010, "토지이용-교통 통합모형 구축 및 도시계획과정에의 활용방
안에 관한 연구", 안양대학교 일반대학원, 도시정보공학과 박사학위논
문, 안양.

-유강민·이창무, 2012, "서울시 오피스 임대시장의 공실률과 임대료의 상호
결정구조 분석", 부동산학연구, 제18집, 제2호, 서울, 91~102쪽.

-안영수, 2013, "토지이용-교통모델 기반의 수도권 기업입지모델 개발 연
구", 서울시립대학교 일반대학원, 도시공학과 박사학위논문, 서울.

-안영수·장성만·이승일, 2012, "GIS 네트워크분석을 활용한 도시철도역 주
변지역 상업시설 입지분포패턴 추정연구", 국토계획, 제47권 제1호,
대한국토·도시계획학회, 서울, 199~213쪽.

-이승일, 2000, "교통발생저감을 위한 환경친화적 도시공간구조 연구: 광주대
도시권을 중심으로", 국토계획, 제35권 제6호, 대한국토·도시계획학
회, 서울, 21~33쪽.

-이승일, 2004, "GIS를 이용한 수도권 지하철 광역 접근도 분석연구", 국토계
획, 제39권 제3호, 대한국토·도시계획학회, 서울, 261~275쪽.

-이승일, 2010, "저탄소에너지절약도시 구현을 위한 우리나라 대도시의 토지
이용-교통모델 개발방향", 국토계획, 제45권 1호, 대한국토도시계획
학회, 서울, 265~281쪽.

-이승일 외, 2011, "토지이용-교통 통합모델의 개발과 운영", 도시정보, 제

356권, 대한국토도시계획학회, 서울, 3~17쪽.
- 이창효, 2012, "토지이용-교통 상호작용을 고려한 주거입지 예측모델 연구", 서울시립대학교 도시공학과 박사학위논문, 서울.
- 이한일·이번송, 2002, "수도권 내 이전제조업체의 입지결정요인분석", 국토계획, 제37권 제7호, 대한국토도시계획학회, 서울, 103~166쪽.
- 이현주·이승헌, 2004, "경기도 접경지역의 경제구조변화와 기업의 입지특성", 한국경제지리학회지, 제7권 제2호, 한국경제지리학회, 서울, 203~225쪽.
- 이희연·심재헌, 2006, "도시성장에 따른 공간구조 변화 측정에 관한 연구: 용인시를 사례로", 한국도시지리학회지, 제9권 제2호, 한국도시지리학회, 서울. 15~29쪽.
- 이희연, 2007, "지속가능한 도시개발을 위한 계획지원시스템의 구축과 활용에 관한 연구", 대한지리학회지, 제42권 제1호, 대한지리학회, 서울, 133~155쪽.
- 임석희, 2000, "폰 튀넨의 고립국 이론", 국토, 제225권, 국토연구원, 안양, 88~93쪽.
- 최병호·장영재, 2005, "도시성장의 공간적 격차와 도시규모분포에 관한 실증분석", 경제연구, 제23권 제4호, 한국경제통상학회, 부산, 187~207쪽.
- 최준영·오규식, 2010, "수도권 소프트웨어 기업의 입지이전 결정요인 분석", 국토계획, 제45권 제6호, 대한국토·도시계획학회, 서울, 161~178쪽.
- 최준영, 2011, "정보통신기술기업의 입지이동 변화특성 연구", 한양대학교 도시공학과 박사학위논문, 서울.

● **국외문헌**

- Bauer, V., Wegener, M., 1975, "Simulation, Evaluation, and Conflict Analysis in Urban Planning", *Proceedings of the IEEE*, Vol.63, No.3, Germany, pp.405~413.
- Erickson, R. A., 1980, "Firm Relocation and Site Selection in Suburban Municipalities", *Journal of Urban Economics*, Vol.8, USA, pp.69~85.
- Giulian, G., Small, K. A., 1993, "Is the journey to work explained by urban structure?", *Urban Studies*, Vol.30, No.9, UK.
- Hyter, R., 2004, "The dynamics of industrial location: the factory, the firm and production system, Department of geography", Simon fraser university, Burnaby.
- Jovicic, G., 2001, "Activity Based Travel Demand Modelling, Denmarks Transport Forkning."

─Kuma, S., Kara M. Kockelman, 2008, "Tracking the Size, Location and Interactions of Businesses: Microsimulation of Firm Behavior in Austin, Texas", 87th Annual Meeting data of the Transportation Research Board, Washing, D.C.

─McCann, P., 2001, "Urban and Regional Economics", Oxford University Press, Oxford, pp.74~77.

─Moeckel, Rolf et al., 2002, "Microsimulation of urban land use", *European Congress of the Regional Science Association*, 42nd.

─Moeckel, R., 2005, "Simulating Firmography", University of Dortmund, Dortmund.

─Moeckel, R., 2007, "Business Location Decisions and Urban Sprawl", IRPUD, Blaue Reihe 126, Dortmund.

─Moeckel, R., 2009, "Simulation of firms as a planning support system to limit urban sprawl of job", *Environment and Planning B: Planning and Design*, Volume.36, London, pp.884~905.

─Park & Kim, 2010, "The firm growth pattern in the restaurant industry: Does gibrat's low hold?", *International Journal of Tourism Sciences*, Vol.10 No.4, Seoul, pp.49~63.

─Simmonds, D., 2010, "The Impact of Transport Policy on Residential Location", in *Residential Location Choice: Models and Applications* (Pagliara, F., Preston J. and Jae Hong Kim), Springer, Velag Berlin Heidelberg, pp.115~136.

─Sutton, J., 1997, "Gibrat's Legacy", *Journal of Economic Literature,* Vol.35. USA.

─Youngsoo, An et al., 2012, "An Analysis on Firm Relocation Choice Using Binary Logit Model in the Seoul Metropolitan Area(SMA)", 2012 ISCP, Taipei.

─Wegener, M., 1994, "Operational Urban Models: State of Art", Journal of the American Planning Association, Vol.60, Issue.1, pp.17~29.

─Wegener, M., 2013, "Employment and Labour in Urban Markets in the IRPUD Model", Employment Location in Cities and Regions, Advances in Spatial Science Chapter2, Springer, Dortmund, pp.11~31.

• 기타

─국민일보, 2012, "산업단지 과잉 논란, 미분양도 많다.", 서울, 09.13. 기사.

─김대희, 2012, "올 하반기 오피스 공실률 더 높아질 전망", CNBNEWS, 서울, 8.17. 기사.

─매일경제, 2010, "오피스빌딩 공급폭탄 터질까", 서울, 11.03. 기사.

-박미주, 2012, "서울도심/여의도, 오피스 공실률 늘어난다", 아시아 경제, 서울, 9.19. 기사.

-신용보증기금, 2006, "중소기업, 10년 생존율 59%", 보도자료, 신용보증기금, 서울.

-아시아경제, 2012, "서울 도심/여의도, 오피스 공실률 늘어난다", 서울, 09.19. 기사.

-파이낸셜뉴스, 2011, "서울 오피스 공급 너무 넘친다", 서울, 02.09. 기사.

-CNBNEWS, 2012, "하반기 오피스 공실률 높아질 전망", 서울, 08.17. 기사.

-http://www.nso.go.kr: 통계청 홈페이지

□ 부록 1

- ● 서울/인천/경기 지역의 GRDP변화와 기업수 및 고용자수 변화 분석

(1) 서울시

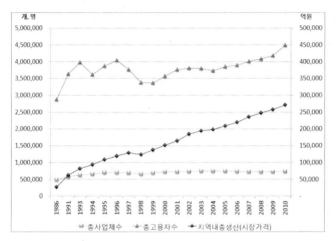

[그림 부록-1] 서울시 지역내총생산(GRDP)과 총 기업수 및 고용자수 변화

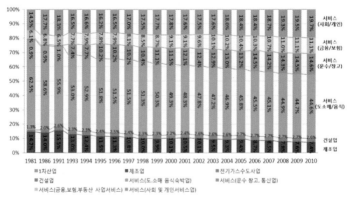

[그림 부록-2] 기업수 기준 산업구조 변화(서울시)

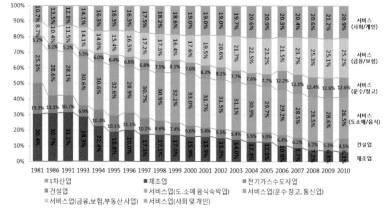

[그림 부록-3] 고용자수 기준 산업구조 변화(서울시)

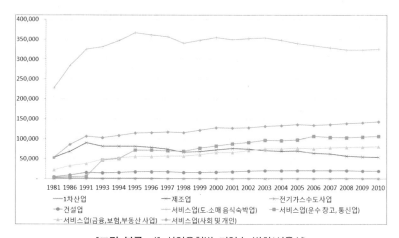

[그림 부록-4] 산업유형별 기업수 변화(서울시)

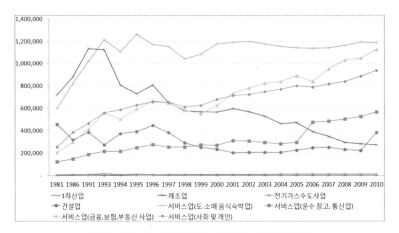

[그림 부록-5] 산업유형별 고용자수 변화(서울시)

(2) 인천시

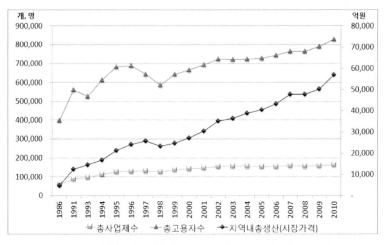

[그림 부록-6] 인천시 지역내총생산(GRDP)과 총 기업수 및 고용자수 변화

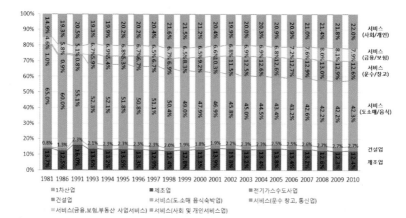

[그림 부록-7] 기업수 기준 산업구조 변화(인천시)

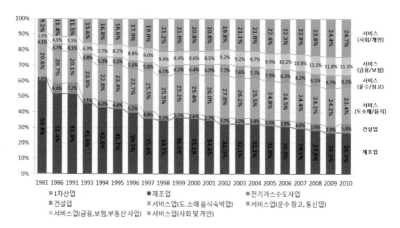

[그림 부록-8] 고용자수 기준 산업구조 변화(인천시)

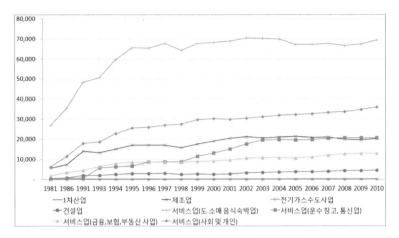

[그림 부록-9] 산업유형별 기업수 변화(인천시)

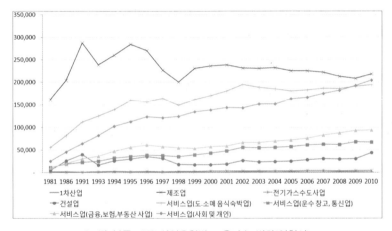

[그림 부록-10] 산업유형별 고용자수 변화(인천시)

(3) 경기도

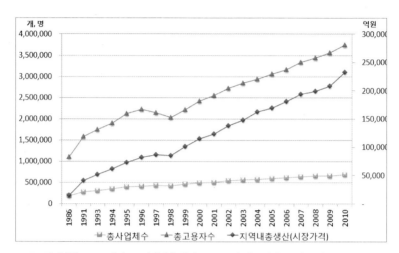

[그림 부록-11] 경기도 지역내총생산(GRDP)과 총 기업수 및 고용자수 변화

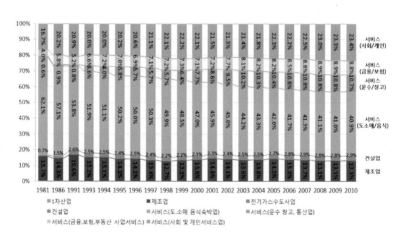

[그림 부록-12] 기업수 기준 산업구조 변화(경기도)

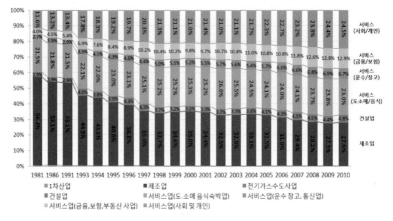

[그림 부록-13] 고용자수 기준 산업구조 변화(경기도)

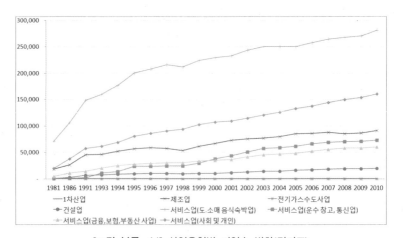

[그림 부록-14] 산업유형별 기업수 변화(경기도)

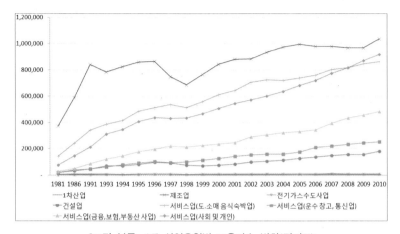

[그림 부록-15] 산업유형별 고용자수 변화(경기도)

□ 부록 2

● 산업 중분류별 고용자수 성장 및 쇠퇴 분석

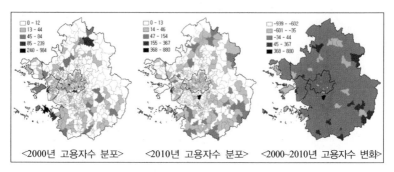

[그림 부록-16] 1차 산업 고용자수 분포 및 변화(2000~2010)

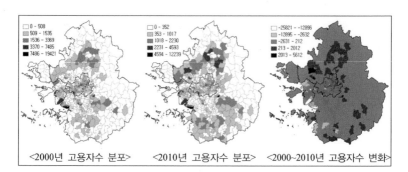

[그림 부록-17] 제조업 경공업 고용자수 분포 및 변화(2000~2010)

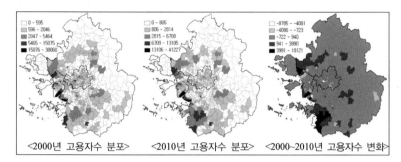

[그림 부록-18] 제조업 중공업 고용자수 분포 및 변화(2000~2010)

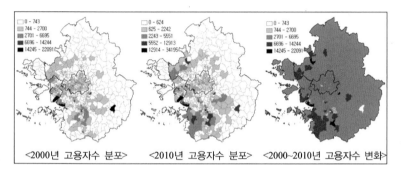

[그림 부록-19] 제조업 첨단산업 고용자수 분포 및 변화(2000~2010)

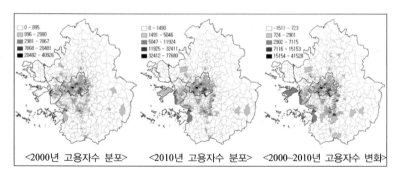

[그림 부록-20] 서비스업 생산자 고용자수 분포 및 변화(2000~2010)

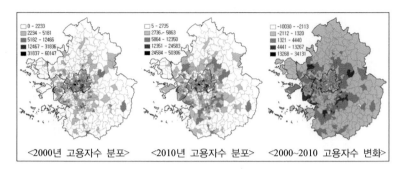

[그림 부록-21] 서비스업 소비자 고용자수 분포 및 변화(2000~2010)

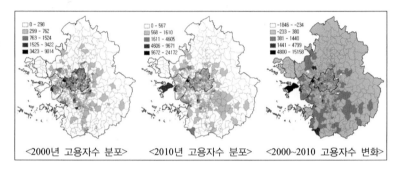

[그림 부록-22] 서비스업 유통 고용자수 분포 및 변화(2000~2010)

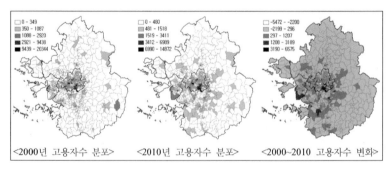

[그림 부록-23] 기타산업 건설업 고용자수 분포 및 변화(2000~2010)

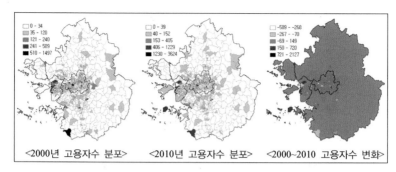

[그림 부록-24] 기타산업 전기/가스/수도 고용자수 분포 및 변화(2000~2010)

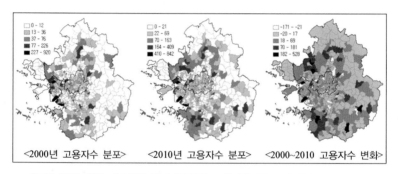

[그림 부록-25] 기타산업 환경정화산업 고용자수 분포 및 변화(2000~2010)

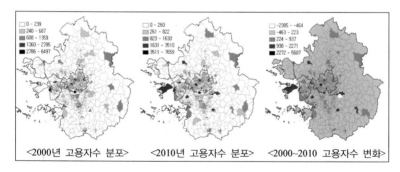

[그림 부록-26] 기타산업 공공서비스 고용자수 분포 및 변화(2000~2010)

□ 부록 3

● 서울/인천/경기 신규 및 휴폐업 기업 및 종사자 변화

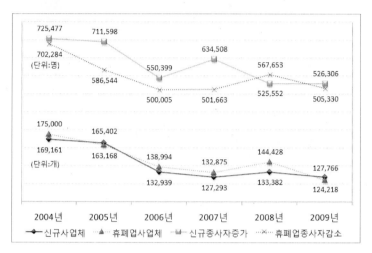

[그림 부록-27] 신규 및 휴폐업 기업과 종사자 증감(서울시)

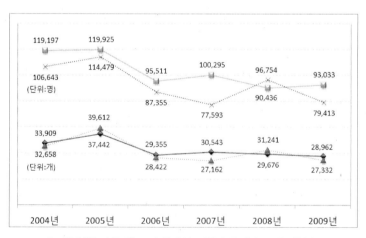

[그림 부록-28] 신규 및 휴폐업 기업과 종사자 증감(인천시)

지역별 일자리 창출과 고용안정을 위한 수도권 기업 이동 현황과 장기전망

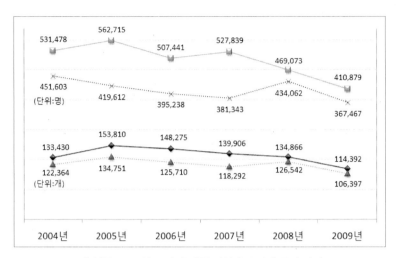

[그림 부록-29] 신규 및 휴폐업 기업과 종사자 증감(경기도)

□ 부록 4

● 서울/인천/경기 산업유형별 기업수 변화

(1) 서울시

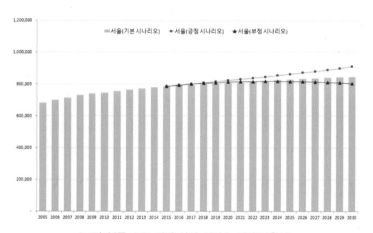

[그림 부록-30] 전체 산업 기업수 변화(서울시)

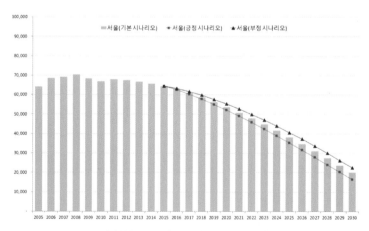

[그림 부록-31] 제조업 기업수 변화(서울시)

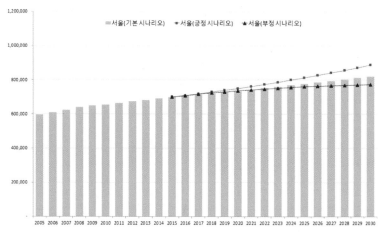

[그림 부록-32] 서비스업 기업수 변화(서울시)

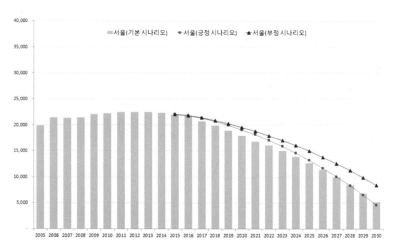

[그림 부록-33] 건설업 기업수 변화(서울시)

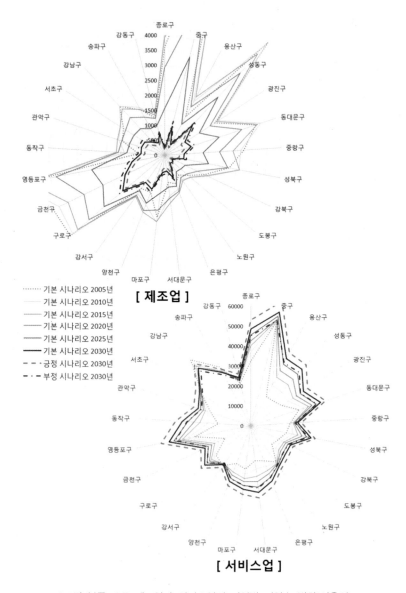

종로구
강동구 4000 중구
송파구 3500 용산구
강남구 3000 성동구
2500
서초구 2000 광진구
관악구 1500 동대문구
1000
동작구 500 중랑구
영등포구 0 성북구
금천구 강북구
구로구 도봉구
강서구 노원구
양천구 마포구 서대문구 은평구

······ 기본 시나리오 2005년
──── 기본 시나리오 2010년
──── 기본 시나리오 2015년
──── 기본 시나리오 2020년
──── 기본 시나리오 2025년
──── 기본 시나리오 2030년
─ ─ ─ 긍정 시나리오 2030년
─·─·─ 부정 시나리오 2030년

[제조업]

종로구
강동구 60000 중구
송파구 50000 용산구
강남구 40000 성동구
서초구 30000 광진구
관악구 20000 동대문구
10000
동작구 0 중랑구
영등포구 성북구
금천구 강북구
구로구 도봉구
강서구 노원구
양천구 마포구 서대문구 은평구

[서비스업]

[그림 부록-34] 제조업과 서비스업의 지역별 기업수 변화(서울시)

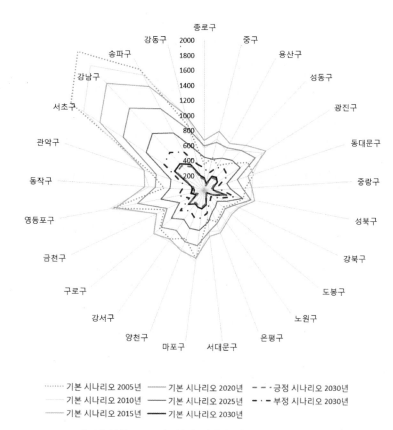

종로구
강동구 2000 중구
송파구 1800 용산구
1600
강남구 1400 성동구
1200
서초구 1000 광진구
800
관악구 600 동대문구
400
동작구 200 중랑구

영등포구 성북구

금천구 강북구

구로구 도봉구

강서구 노원구
양천구 마포구 서대문구 은평구

······ 기본 시나리오 2005년 ─── 기본 시나리오 2020년 ─ ─ ─ 긍정 시나리오 2030년
─── 기본 시나리오 2010년 ─── 기본 시나리오 2025년 ─ · ─ 부정 시나리오 2030년
─── 기본 시나리오 2015년 ─── 기본 시나리오 2030년

[그림 부록-35] 제조업의 지역별 기업수 변화(서울시)

(2) 인천시

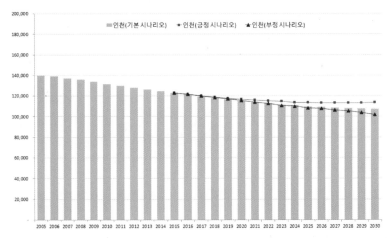

[그림 부록-36] 전체 산업 기업수 변화(인천시)

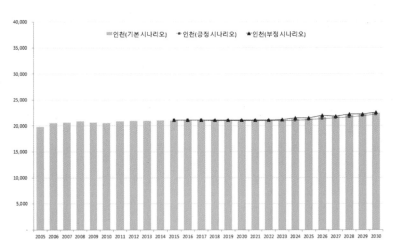

[그림 부록-37] 제조업 기업수 변화(인천시)

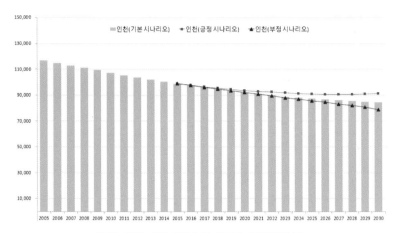

[그림 부록-38] 서비스업 기업수 변화(인천시)

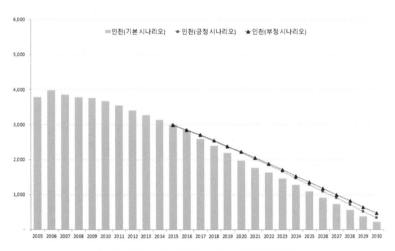

[그림 부록-39] 건설업 기업수 변화(인천시)

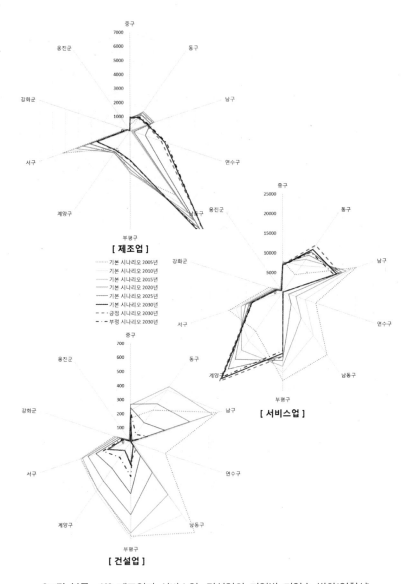

[그림 부록-40] 제조업과 서비스업, 건설업의 지역별 기업수 변화(인천시)

(3) 경기도

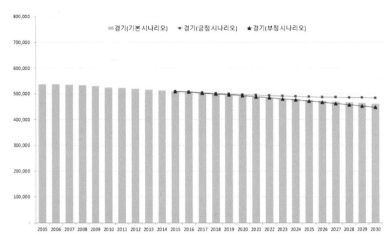

[그림 부록-41] 전체 산업 기업수 변화(경기도)

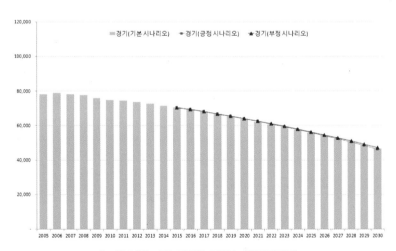

[그림 부록-42] 제조업 기업수 변화(경기도)

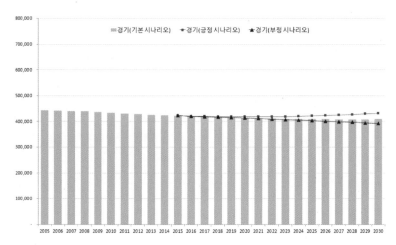

[그림 부록-43] 서비스업 기업수 변화(경기도)

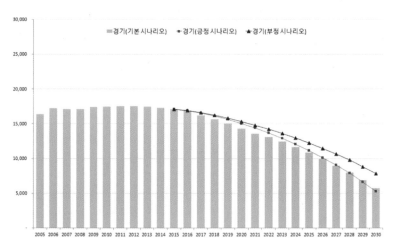

[그림 부록-44] 건설업 기업수 변화(경기도)

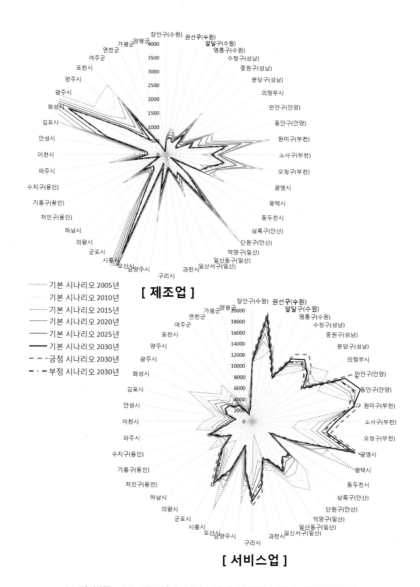

[그림 부록-45] 제조업과 서비스업의 지역별 기업수 변화(경기도)

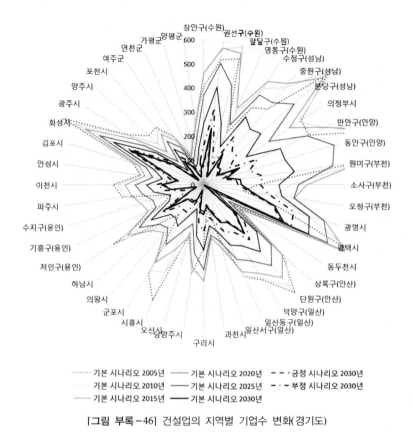

장안구(수원)
권선구(수원)
양평군
가평군
팔달구(수원)
연천군
영통구(수원)
여주군
수정구(성남)
포천시
중원구(성남)
양주시
분당구(성남)
광주시
의정부시
화성시
만안구(안양)
김포시
동안구(안양)
안성시
원미구(부천)
이천시
소사구(부천)
파주시
오정구(부천)
수지구(용인)
광명시
기흥구(용인)
평택시
처인구(용인)
동두천시
하남시
상록구(안산)
의왕시
단원구(안산)
군포시
덕양구(일산)
시흥시
일산동구(일산)
오산시
남양주시
일산서구(일산)
과천시
구리시

600 500 400 300 200 100 0

······· 기본 시나리오 2005년 ───── 기본 시나리오 2020년 ── ── 긍정 시나리오 2030년
──── 기본 시나리오 2010년 ───── 기본 시나리오 2025년 ─·─· 부정 시나리오 2030년
──── 기본 시나리오 2015년 ───── 기본 시나리오 2030년

[그림 부록-46] 건설업의 지역별 기업수 변화(경기도)

안영수

2005년 안양대학교 도시정보공학과 학사학위 취득
2007년 안양대학교 도시정보공학과 석사학위 취득
2006~2008년 국토연구원 국토지역연구실 연구원
2013년 서울시립대학교 도시공학과 박사학위 취득
현) 서울시립대학교 도시공학과 연구교수

지역별 일자리 창출과 고용안정을 위한
수도권 기업 이동 현황과
장기전망

초판인쇄   2014년 3월 21일
초판발행   2014년 3월 21일

지은이   안영수
펴낸이   채종준
펴낸곳   한국학술정보㈜
주소   경기도 파주시 회동길 230(문발동)
전화   031) 908-3181(대표)
팩스   031) 908-3189
홈페이지   http://ebook.kstudy.com
전자우편   출판사업부 publish@kstudy.com
등록   제일산-115호(2000. 6. 19)

ISBN   978-89-268-6127-1 93330

이 학술도서는 2011년도 정부(교육과학기술부)의 재원으로 한국연구재단 중견연구자지원사업(No.2011-0028094)과
일반연구자지원사업(No.2011-0011502)의지원을 받아 수행되었습니다.